心を磨く五輪書

宮本武蔵35の人生訓

文・渡辺　誠
書・吉澤大淳

二宮社

はじめに

身《み》をあさく思い、世《よ》を深く思う――とは、宮本武蔵が臨終の間際に筆にした『独《どっ》行道《こうどう》』の一か条である。「世」とは、この世界を含む大自然の謂《い》いであろう。自分という存在、人間一個が、奥深い自然に比して実に浅いものであることを、この剣の求道者は、自然への畏敬の念を込めて自省自戒したのである。

吉澤大淳先生の書作品を仰いでの本書の稿を起筆したのは、このことばを現実のものとして突きつけられた出来事から間もない頃だった。出来事とは、いうまでもなく大震災と原発事故である。以来、混迷の深まる世の中を目の当たりにしながら書き終えて、真剣勝負という、冷厳な極限状況の体験をもとに武蔵が開陳した『五《ご》輪書《りんのしょ》』のことばが、今、最も私たちに求められている、自助《じじょ》の心の錬磨《れんま》に資するものであることを、いささかでも確かめることができたかと思う。

二玄社の結城靖博氏に、心からお礼を申し上げる次第である。

渡辺　誠

心を磨く五輪書 ——目次——

火の巻

風の巻

空の巻

地の巻

心は錬り磨くもの

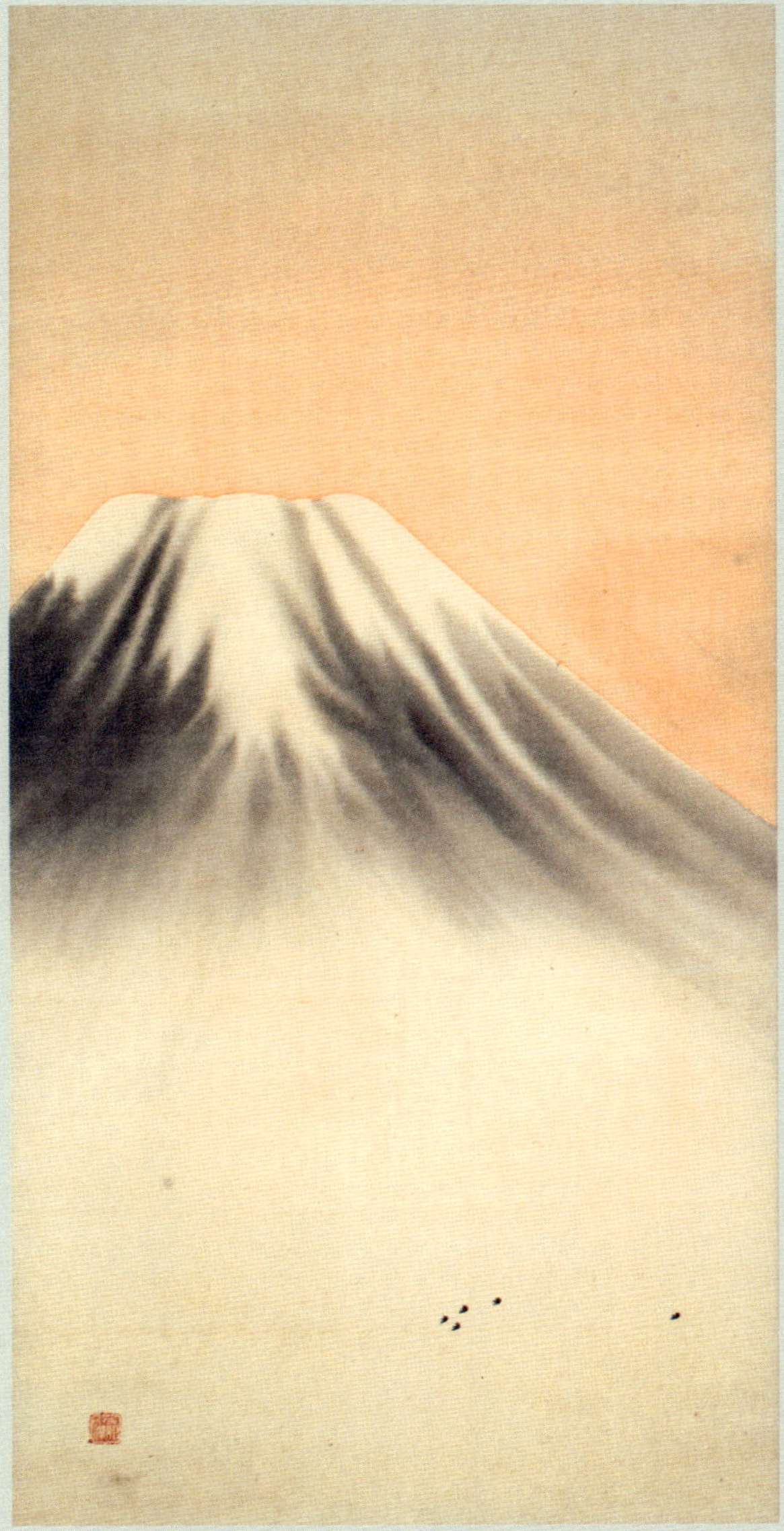

吉澤大淳作「富士朝暾」（1986年）

朝《ちょう》鍛《たん》夕《せき》錬《れん》——心の錬磨

氷山を見たことがありますか?

直《じか》に目にされた人は少ないかと思いますが、テレビなどの映像をとおして見た方は多いことでしょう。凍てついた海に浮かぶその氷の塊は、純白で、とても神秘的な容姿をしています。けれども「氷山の一角」ということばもあるように、私たちの目に見えるそれは、氷山全体からすれば、ほんのわずかだということですね。海面の下の氷山は上に現れている部分の十一倍ほどある、という話も聞いたことがあります。美しいその姿は、海中に眠っている巨大な氷塊によって支えられているのです。

人間の個々の能力も、ちょっとそれに似ているのではないでしょうか。

自分がいま発揮し、他人に認められている能力は、実はごく一部分なのであって、海の中にかくれている氷山のように、はるかに大きな能力が眠っている、と脳科学者や生命科学者などの間ではいわれています。

しかし、眠っているその能力をすべて引き出して生を全《まっと》うするには、悲しいことに、人生は

あまりにも短くできているようです。人間はだれしも、生まれたときに死ぬべき運命を背負わされます。自分の能力の全部を引き出してそれを使いきる寿命は、残念ながら与えられていないということになります。

それでは、自分自身の未知の能力を引き出す努力を怠っていいのでしょうか。「蟹《かに》は甲羅《こうら》に似せて穴を掘る」ということわざのように、わが能力に分相応の生き方を求める人もいるかもしれません。

宮本武蔵は、そのような生き方とは対極にある人生を、自己に課した日本人の一人でした。剣の道を幼少のときに志した武蔵は、六十路《むそじ》になるまでの生涯を『五輪書』の冒頭で振り返っていますが、それはいいかえれば、剣士としての自己の能力を最大限に引き出す努力の軌跡そのものです。勝てば生き残るが、負ければ死ぬという真剣勝負に、あくなき挑戦を武蔵がくりかえしたのは、そのための最も単純にして有効な手だてである、と堅く信じたからに違いありません。

「朝鍛夕錬」とは、剣の求道者として生きてきた彼の生涯を簡潔に語っている、その「自伝」部分に書かれていることばです。朝に鍛錬、そして夕に鍛錬、四六時中《しろくじちゅう》錬り鍛える努力をすることで、わが剣士としての能力を引き出し、昨日よりは今日、今日よりは明日と、より高く自分を向上させていったのが、この厳しい、否、厳しすぎるほどの男の一生だった、と見ることができます。

現代に生きる私たちの大多数は、おそらく、そんな厳しい生き方を自分に課そうとは思わないことでしょう。では、「朝鍛夕錬」など思いもよらないことだと、そのことから心の眼をそむけていいものでしょうか。

「小さなことをいつも積み重ねていくことが、とんでもなく大きなことができるようになるための、ただ一つの道ではないかという気がする」

これはスポーツ選手の中で異口同音に口にされるコメントです。小さなことを「朝鍛夕錬」することによってステップアップをはかることは、どのような仕事に就いていても、結果はともかくとして、そのこと自体、人間の尊い「営み」であるはずです。

人間の尊厳に関わるその「営み」の力も、結局は、「心」から湧いてくるものであるのは、いうまでもありません。

自分の内なる未知の能力を発見し、人生に活用する根本は、ですから、心の錬磨にかかってくることになるのです。

さかゆる拍子《ひょうし》・おとろふる拍子《ひょうし》——失敗は成功の本《もと》

「拍子」ということばは、今ではもっぱら西洋音楽の用語として定着している感がありますが、そもそもは宮廷の音楽・舞踊である雅楽《ががく》に用いられていた語で、やがて、能や歌舞伎などの芸能にも使われるようになりました。

その能楽にも造詣のあった武蔵は、自身の剣の技法を表現するのに、拍子の大切さを口酸っぱく述べています。彼の説き示している様々な「必勝の拍子」は、やや専門に立ち入ることになるのでここでは省きますが、興味深いのは、目に見えない事——「空《くう》なる事」にも、拍子が関わっていることを知っておきたいものだ、と言っていることです。

空なる事とは？

武蔵がそこで例として引いているのは、武士の立身出世の話、もう一つは商人の金もうけの話です。

武士の境涯《きょうがい》には、奉公の成果が認められて、立身の機会をとらえやすい拍子があるかと思うと、出世コースから落ちこぼれやすい拍子、また、周囲の状況に乗っかりやすい拍子、そうでない拍子があるものだ。——**武士の身の上にして、奉公に身をしあぐる拍子、しさぐる拍子、筈《はず》のあふ拍子、筈のちがふ拍子あり。**

また、商人の道でいうと、大金持ちに成り上がりやすい拍子、逆に、大金持ちの商家が絶えてしまう拍子がある、と述べたうえで、ありとあらゆる人生には「さかゆる拍子」と「おとろふる拍子」があることをよくわきまえておくべきだ、と教えています。

さかゆる拍子とは、功成りやすいリズム、おとろふる拍子とは、失敗しがちなリズムと受け取っていいでしょう。

ところで、武蔵も精通していた能楽を大成した人として名をのこしている、室町時代の能役者にして作者だった世阿弥《ぜあみ》も、「男時《おどき》」と「女時《めどき》」ということばを用いて、同じようなことを説いています。

さかゆる拍子は男時、おとろふる拍子は女時に当たります。男女のパワーが逆転しているように映る現代に世阿弥が生きていたら、こんなことばは使わなかったことでしょうが、ともかく、人知《じんち》の及ばない法則によって、この男時と女時は、人の一生というサイクルだけでなく、一年、もっと短く一日というサイクルの中でも、めまぐるしく入れ替わるものだ、とその著『風姿花伝《ふうしかでん》』（通称『花伝書』）に書いています。

男時、さかゆる拍子にあるとき、人はちょっと頑張れば成功するものですが、女時、おとろふる拍子のもとでは、いくら歯を食いしばっても物事が順調に運ばないで、時として、大失敗をおかしてしまうもののようです。

しかし、拍子というものもまた無常――常ならぬものであり、おとろふる拍子の後には、さかゆる拍子が必ず廻《めぐ》ってくるのが、人間を含む自然の法則であることを念じておきたいものです。

失敗は成功の本といいますね。

人は成功体験より失敗体験に学ぶことのほうが多いし、そこで学んだことは、さかゆる拍子が廻ってきたとき、より大きな成功を手にするための財産になるに違いありません。

諸芸《しょげい》にさはる——視野を広くして

「恋の鞘当《さやあ》て」「互いに鎬《しのぎ》を削《けず》る」「とうとう切羽詰《せっぱつま》る」——さて、この三つのことばに共通していることは何でしょう?

クイズの答えは、「日本刀にちなむことば」ということになります。

恋の鞘当てとは、一人の女性を目当てに二人の男が争うことですが、侍同士が擦れ違うときに刀の鞘の尻の部分の飾り(鐺《こじり》)が当たって、とがめ立てすることからきています。鎬を削るとは、はげしく争うこと。これは刃と棟《むね》(刀の背)との間の縦の稜線《りょうせん》部分である鎬が、切り合うときに削り落ちるかのように擦れ合うさまに由来することばです。切羽詰るは、物事がさし迫ること、まったく窮することですね。刀の鍔《つば》の表と裏に添えられている板金《いたがね》、すなわち切羽からきたことばです。

ふだん私たちが使っている言語には、ほかにも刀に関わる語がたくさんありますが、このことは、刀という武器を遣《つか》う技法である剣術が、いかに日本人の暮らしにとけ込んできたか、ということを物語るものではないでしょうか。

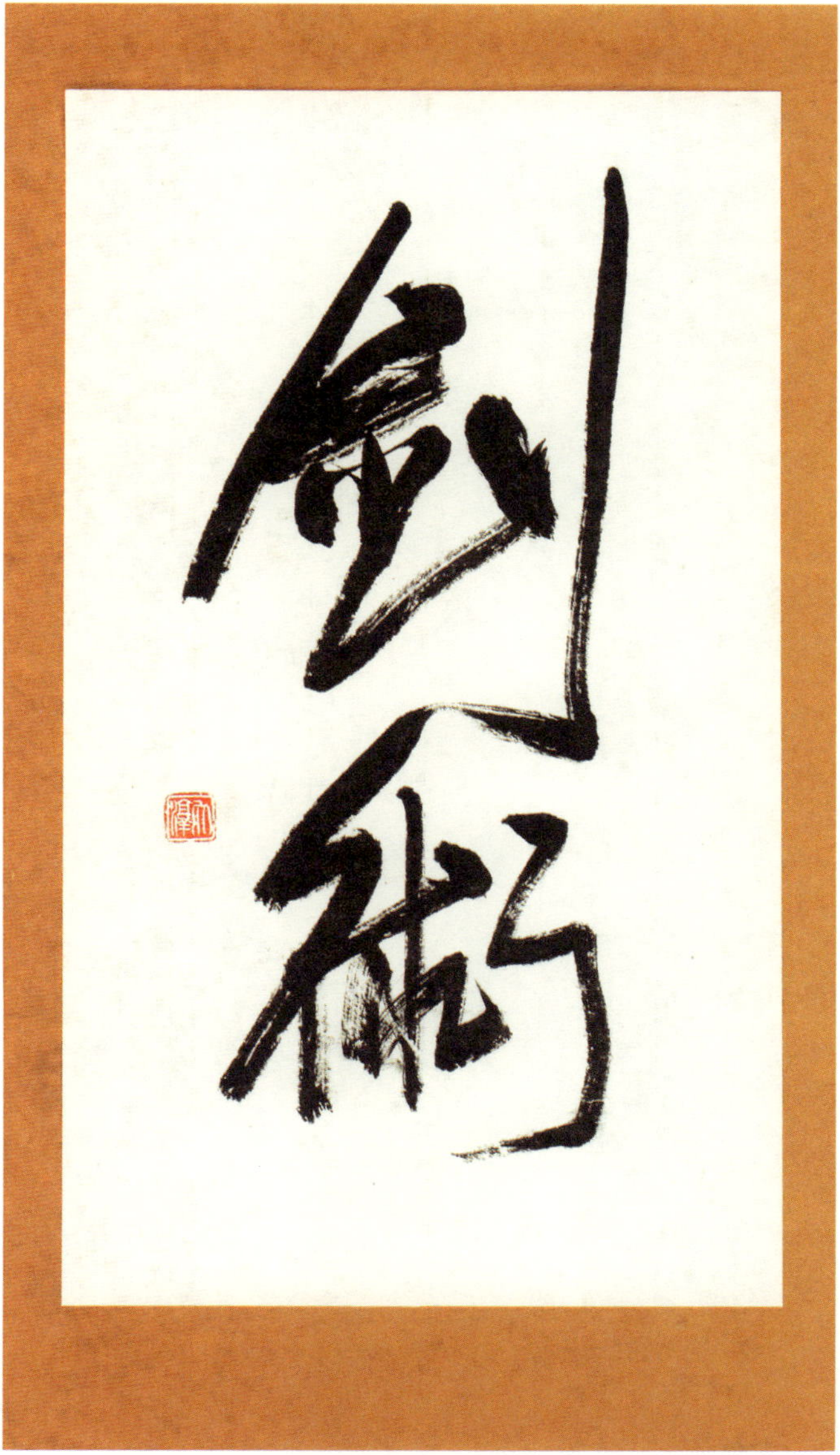
剣術

剣の道は私たちの生活のみならず、文化にも浸透しています。

逆に、伝統的な日本文化が剣の道の技術や哲理に浸み込み、影響を及ぼしてきたことも、見のがすことができません。

武蔵が『五輪書』の「地《ち》の巻《まき》」の文末で、自分の創造した剣を学ぶ心得として掲げた九か条の一つに、「諸芸にさは（触）る」ことを挙げたのは、実はこのことを深く理解していたからにほかならないのです。

有言実行、まさに彼自身が剣の道以外の様々な芸術、芸道に触れていて、それは書道や絵画、彫刻、工芸、詩歌や俳句などの文学、そして、前にも述べたように、能楽の世界にまで広がっています。中でも後世の人びとが嘆賞してやまないのは、その画業でしょう。武蔵の作と伝えられている水墨画の数々は、今なお美術史家の高い評価を得ています。

こういうと、「へえ、武蔵って剣の道一筋に生きた不器用な人物のように感じていたのが、意外だなあ」と、思われる人もいるかもしれません。「孤高の求道者」としての武蔵像が、小説や映画、漫画などによって造形されてきたせいでしょうか。

身長は六尺ほどあったという、骨格逞《たくま》しいこの「剣豪」の数多い肖像画の中で、最も流布している立像の画を見ると、人を寄せつけず、剣の道以外のことには目もくれない、厳しい求道者の面影がひしひしと伝わってきます。

たしかに、武蔵は兵法者《ひょうほうしゃ》――剣術のプロフェッショナルであるという矜持《きょうじ》を生涯持ちつづけた、いたって無骨《ぶこつ》な人間でした。その意味では今でいう「マルチ・タイプ」、一つの顔にとらわれない多面的な生き方をする型の人間とは正反対の道を歩んだ日本人、といえるでしょう。

これを思えば、「諸芸にさはる」の真意は、おのずから明らかになるはずです。

もろもろの芸術、芸道が剣の道に通じることを知る彼は、進んでそれに触れることで、学びとったことを兵法の探求に生かそうとしたにすぎなかったのです。いいかえれば視野を広げる努力をする中で、自分が本分とする道を磨き上げていこうとしたのでした。

これは天才に生まれついたのではない、世の大半の人間が、それぞれの仕事人生をより創造的に生きようと努めるときのヒントになるかもしれません。自分にはこれしかない、という一本の太い骨を確固として保持しつつ、好奇心を旺盛にして視野を広くし、貪欲に学ぶ姿勢が、かえって成果を生む近道になるのかもしれないのです。

水の巻

自分に負けない心構え

吉澤大淳作「雲龍」（1987年）

常《つね》の心《こころ》——自然体の心

「心の修業というものは玉を磨《す》る代わりにふところ手をしてすわり込んでるんでしょう」

これは夏目漱石の『吾輩は猫である』の中で、迷亭《めいてい》君が伯父さんに言う台詞《せりふ》。それを聞いて伯父が立て板に水を流すように暗誦してみせたのは、徳川三代の将軍家光《いえみつ》の帰依を受けた禅僧沢庵《たくあん》の著書『不動智神妙録《ふどうちしんみょうろく》』中の「心の置きどころ」という教えにある次のことばでした。

——敵の身の働きに心を置けば、敵の身の働きに心を取らるるなり。敵の太刀に心を置けば、敵の太刀に心を取らるるなり。

一説に漬物のタクワンを作った元祖ともいう沢庵和尚は、剣術にことよせて禅の教えをこの名著で説いたのですが、中にこんな歌も引かれています。

心こそ　心まよはす　心かな　心に心　心ゆるすな

ちんぷんかんぷん、意味をはかりかねる歌ですね。ここにある六つの「心」は、人間本来の

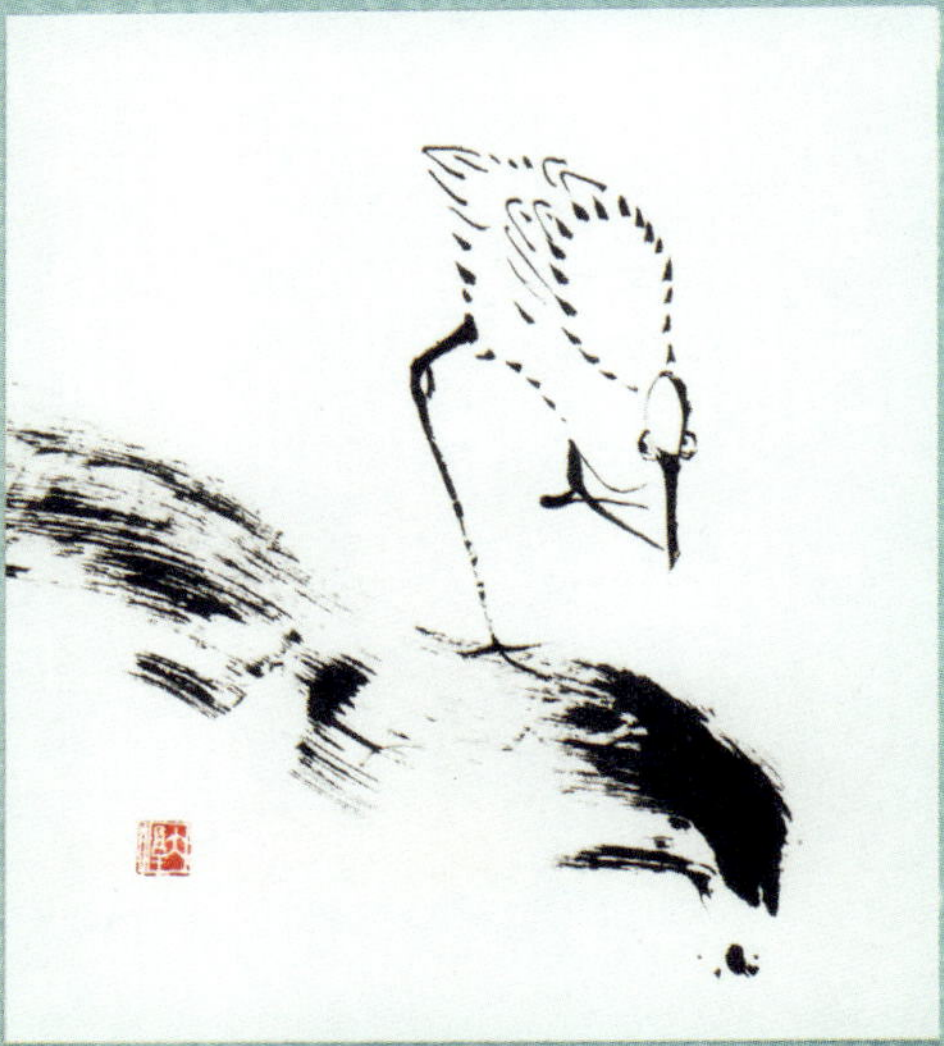

心の常

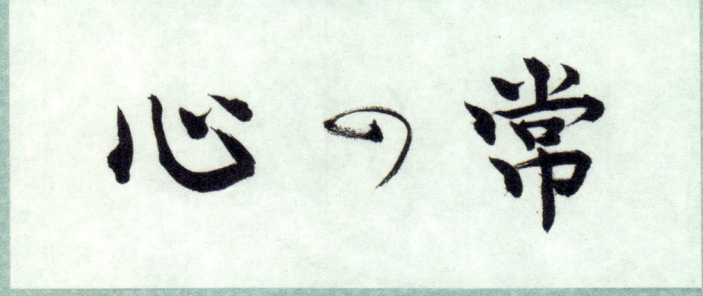

心（本心）と迷いの心（妄心《もうしん》）に大別されるそうで、「本心よ、決して妄心に心をゆるしてはなりませんぞ」と教える歌だということです。

とにかく「心」というものは、人間のこの五体のいずこにあるのか、という解き明かし難い命題を含めて、科学も未だに明らかにできていない謎だらけのしろものとはいえないでしょうか。

その心についての武蔵の関心事は、心の働きを剣の勝負にどのように有効に機能させたらいいか、ということだけにありました。心とは何か、その仕組みはどうなっているのか、といった雲をつかむような問いは、この真剣勝負師には、どうでもいいことだったようです。

このような考えの武蔵が、心のありかたの極意として教えるのが、「常の心」という教えです。剣を遣うときの心の持ちようは、日常生活を送るときの心、自然体の心と、格別変わるところはないのであって、心をそのように調《ととの》えることを彼はすすめるのです。

こう言われても、「常の心」になって事にのぞむのは簡単なことではありません。剣と剣を交えて生きるか死ぬかの対決をしなければならないときは、なおさら容易ならざることであるはずです。それでも彼は、自然体の心こそ勝ちを得るための心である、と説いています。

一命に関わらないことでも、スポーツの世界ならば絶対負けられぬ試合、実業の世界ならば失敗をゆるされない事業、というものがあることでしょう。このような「真剣勝負」の場が、これらの世界に生きる人以外にもあるのはいうまでもありませんが、その場にのぞむのに自然体の心をもってすることは、ふだん心をよほど磨いていないとできないに違いありません。

日本人の好む座右の銘に、「平常心《へいじょうしん》」ということばがあります。元来は禅のことばで、「びょうじょうしん」と訓ずるそうです。剣でいえば「勝ってやろう」とか「負けたらどうしよう」とか思う、こだわりの心、とらわれの心のない、いわば「ふだん着のしなやかな心」「からりと晴れ渡った静かな心」が平常心にほかならない、と禅僧の説法にあります。

武蔵は「常の心」について、あくまで、そういう精神論を述べていません。

「広々とした心、真っ直ぐな心を、緊張させることなく、さりとて弛緩させることなく、一《ひと》所《ところ》に偏《かたよ》らせないように、中心に置いて、静かにこれを動かし、刹那《せつな》もその動きの滞《とどこお》らないようにすること」

このような現実主義者、実戦主義者一流の感覚的な表現で、読む者にこれをつかんでもらうべく努めていますが、その真意はやはり、禅にいう平常心に通じるものなのです。

危機の時代には、「常の心」でのぞまなければならない局面が、より増えるに違いありません。心を磨くことの大切さが求められるゆえんです。

常《つね》の身《み》――自然な姿勢・自然な心

坐禅があいかわらず人気を呼んでいるのは、ストレスの解消、気持ちのリセット、集中力の向上などに効果があるから、と聞き及びます。人によって目的は様々でしょうが、禅宗寺院の坐禅会などへの参加者が跡を絶たない今日です。

座蒲団と、尻に当てる小型の座蒲団（坐具）またはその代用となる二つ折りの座蒲団さえあれば行ずることのできる坐禅は家にいてもできるので、在家《ざいけ》の修行者はさらに増えていくことでしょう。

その在家の修行者を対象とする臨済宗寺院の接心会《せっしんえ》に参加させていただいたことがありました。接心とは、昼夜を問わず坐禅に専念することです。そこで学んだのは、坐禅はまず坐禅にふさわしい姿勢から入るということで、これを「調身《ちょうしん》」と称しています。

調身は、定められた足の組み方、手の組み方を第一とし、次にそのまま身体を前後左右に揺すって姿勢の安定するポイントをつかみます（揺振《ようしん》という）。そして、腰に力を入れて下腹を出し、背骨を真っ直ぐに伸ばします。

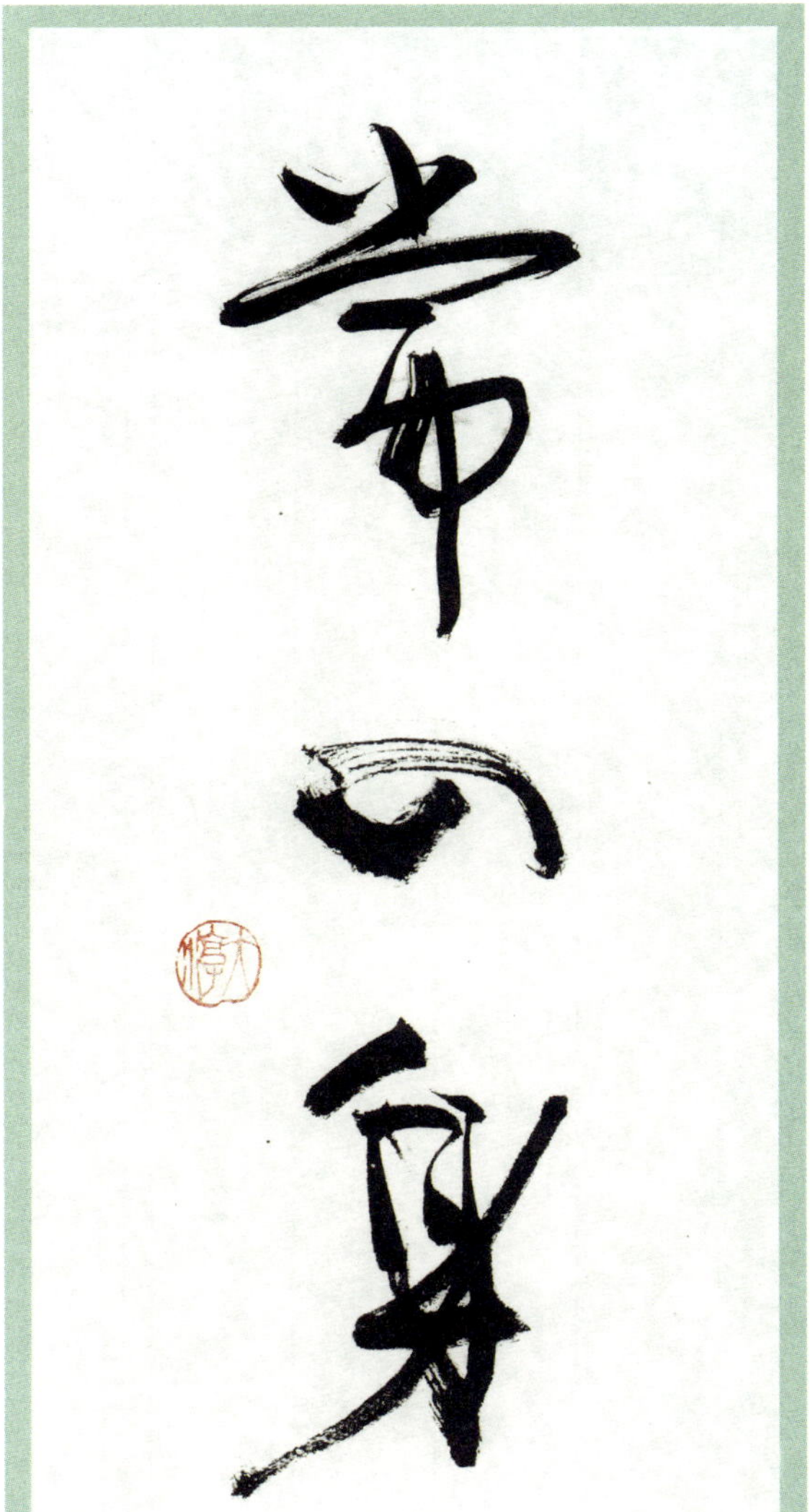

横から見ると耳と肩とを結ぶ線、正面から見ると鼻と臍《へそ》との線が垂直になっている姿勢で、これを禅僧は「青竹を真っ直ぐに立てたような心持ち」「富士山が東海の天に聳え立つような心持ち」の身《み》に調《ととの》えるようにと教えています。肩をいからせたり、身を反らせたりすることのない、凛《りん》とした中にもゆったりとした身なりが、坐禅にふさわしい姿勢とされています。

武蔵もまた「兵法の身なりのこと」という条で、理想的な姿勢について述べています。立ち姿の身なりについて教える武蔵のそれは、当然のことながら坐禅の姿勢とは異なるはずですが、共通点も少なくないのです。

たかが姿勢、されど姿勢であって、姿勢はその人の心構えを表現し、性格、人格を投影しているものです。禅が調身の大切さを説き、坐禅によってこれを修行させるのも、究極的には心を調えること、すなわち「調心」の行《ぎょう》につながるからでしょう。体と心とが一体であるという理《ことわり》、「心身一如《しんしんいちにょ》」の理に立っているからなのです。

武蔵の姿勢論も、ですから、「心の姿勢」のありかたを示唆するものとして読み取りたいものです。

さて、その記述ですが、それは現代の身体論の専門家がしばしば著書に引くほどに、精細かつ合理的な内容になっています。武蔵は顔の据え方や目つき、表情といった、あまり姿勢論では触れることの少ない教えから入っていますが、ここでは上半身・下半身についての説のみを紹介することにします。

まず、上半身の姿勢で心がけるべきことは、第一に、首は後ろの筋を真っ直ぐにし、うなじに力を込めること。次に、肩の力は全身に行き渡るようにして、両の肩を下げ、そして、背筋をすっくと立てるようにしなさい、と言っています。

下半身は、尻を出さぬようにすること。膝から足先までに力を込めること。また、「楔《くさび》を締める」といって、腰が屈《かが》まないように、腹を張って、その腹が脇差《わきざし》の鞘《さや》に凭《もた》れるようにするのと同時に、帯が緩《ゆる》まぬようにと心がける姿勢を説いています。

このような姿勢を武蔵は一言で「常の身」と称しています。人体の重心、ひいては体幹《たいかん》（胴）が安定している自然体と解していいでしょう。

話は坐禅にもどります。身を調えることは心を調えることにつながる、と述べましたが、厳密には、この二つの間に「調息《ちょうそく》」といって、呼吸を調えることが坐禅では重視されます。すなわち、身・息・心が正しく調和するための修行が坐禅ということです。

武蔵は呼吸については触れていないのですが、自然な姿勢は自然な呼吸につながり、それが前項で述べた「常の心」につながることになるのです。

陰陽《いんよう》の足《あし》——こわばらず、こだわらず

人間、ふだん何気なく行なっていることを気にしはじめると、気になって気になってしかたがなくなるもののようです。

長い髭《ひげ》をたくわえた老人が、「あなたは寝るときにそのお髭を蒲団の中に入れるのですか？それとも外に出してやすまれるのですか？」という質問を受けました。その夜、床に就いた老人は、自分の髭の置き場所が気になって、とうとう一睡もできなかったという笑い話がありま す。「あなたは出かけるとき、靴を左右どっちから穿きますか？」と訊かれて、それからは靴を穿くごとにこのことが気になってしまうのと同じです。

剣術では「足捌《あしさば》き」といって、足の運び方、遣《つか》い方を非常に重視しますが、それについて武蔵は「常にあゆむが如し」と述べています。この教えは、いま例を挙げたことと密接な関わりがあります。

私たちの日常の歩行は、両足を交互に動かして歩くものです。右足を前に出したら、次は左足を出す。後退するときも、左右入れ替えて歩きますね。

ところが、剣の試合では、相手を切るとき、自分の身を引くとき、あるいは、敵の刀を受けるとき、片足だけを動かして対応することがあり、その足捌きをうるさく教え込む流派もありました。

武蔵がそういう他流の足捌きの教導法に疑問を呈し、人間のいつもの歩き方であるべきだと説くのは、一つには、「心が居付《いつ》く」ことが好ましくないと考えたからでしょう。

冒頭の話でいうと、髭を蒲団の内外のいずれに落ち着かせて寝るかということは、そのことに心が居付いてしまうことにほかなりません。同様に、足をどのように運ぶか、どのように踏むかということに心が居付くと、相手を切るという大目的への集中力が、その分、薄弱になってしまいます。

もう一つは、いつもの自然な歩き方に反した足捌きが窮屈な動作の因となり、臨機応変にして瞬発力のある動きを奪いがちになり、試合を有利に展開するのにマイナスだからです。

一言でいえば、心と身体の居付き、つまり「こわばり」「こだわり」をなくして、自由に、柔軟に戦うために、足捌きは「常にあゆむが如くあれ」と武蔵は教えるのです。そして、片方を動かすのと同時に、必ずもう片方を動かす足運び、足遣《あしづか》いを「陰陽の足」と称しています。

ところで、現代社会は、「まずハウツーありき」の社会のように思われたことはありませんか？　会社での広義の立ち居振る舞い、家庭生活における夫婦関係や子育てのあり方、就職や結婚の成功の秘訣などが、電気製品の手引きか車の運転のマニュアルさながらに、おびただしく情報発信される傾向があるのには、ちょっと首をかしげたくなってしまいます。それは剣術で手取り足取り、足捌きの方法をたたき込むのと似ています。

これらの「情報」は、かえって人間の自然な営み、生まれながらにして具《そな》わっている良知《りょうち》良能《りょうのう》を損ない、固着した、不自由な生き方を強いる原因となりかねないので、心しておかなければなりません。

こうなると、「陰陽の足」の教えは、剣術の足捌きについてのそれをこえて、情報氾濫の世に対する心構え、ひいては現代に生きるヒントを示すものとしても受け取ることができます。

こわばらず、こだわりを廃して、自分自身の価値観に立って、しなやかに、勇気をもって今このときを歩んでいきたいものです。

一拍子《ひとつひょうし》の打《う》ち──決断の呼吸

人は過去に学ぶ生き物だといわれます。殊に現在が危機的状況に置かれていたり、未来の展望が閉ざされていたりするときには、その心がひとしお強くなるもののようです。最近の歴史ブームは、それからくる現象なのかもしれません。ところで、歴史に学ぶとき、私たちは事件よりも人物に学ぼうとすることが多いのではないでしょうか。人物の生き方を知ることは、人生の知恵に気づくことに直《じか》につながるからなのでしょう。

書籍や雑誌などに取り上げられる政治家、戦国武将や幕末志士の生き方の知恵で、現代人が啓発されることの一つに、決断力が挙げられますが、これについてはよく引かれる名言があります。

──両頭裁断《りょうとうさいだん》すれば　一剣天《いっけんてん》に倚《よ》りて寒《さむ》し

鎌倉幕府の執権《しっけん》（将軍を補佐して政務を統轄した最高の職）の北条時宗《ほうじょうときむね》に招かれて宋《そう》（中国）から来日した禅僧、無学祖元《むがくそげん》のことばです。

「あれこれ考えあぐねていないで決断し、剣を振り上げれば、これを振り下ろすまでのことで

すぞ」と、無学禅師が時宗に説いたのは、時に蒙古来襲という国難に際して苦慮していた時宗に、外敵の元軍《げんぐん》と対決すべく、決断をうながそうとしたからでした。そして時宗は行動を起こし、結果的に日本軍は勝利をおさめたのです。

鎌倉市にある円覚寺《えんがくじ》の開山《かいさん》とされるこの無学祖元の教えは、禅と剣との違いはありますが、宮本武蔵の言う「一拍子の打ち」の気合と呼吸に通じるものがあります。視座を一対一の戦いから軍と軍との戦争に置き換えれば、剣術における勝利の哲理が戦争のそれと通い合うことは、このほかにもよく見られることです。

一拍子の打ちとは、敵に思慮分別のいとまを与えることなく打って出ることです。その際に大切なことは、「こう打ってやろう」「こう突いて出よう」などという意識を自分自身が持つことなく、極めて早く、まっしぐらに打つ（原文「いかにも早く直《す》ぐに打つ」）ということです。

一気呵成《いっきかせい》のこの打ちに込められた決断の呼吸をもう少しわかりやすく説明するために、もう一つ歴史人物の話に触れておきます。

かの「本能寺《ほんのうじ》の変」のとき、明智光秀《あけちみつひで》は主の織田信長《おだのぶなが》を討つ前にさすがにためらうところがあって、腹心の者を集めて評議をしようとしたのですが、このとき明智左馬之助《さまのすけ》という家臣が、「評議などするまでもない。明日討って出るのがよろしい」と言上《ごんじょう》したので、光秀は直ちに決断してこれを実行したということです。

幕末の江戸無血開城の立役者の一人とされる勝海舟《かつかいしゅう》は、この史話を取り上げて、「時の英雄信長が光秀にやられたのも、この決断の力だ」と、その回想録『氷川清話《ひかわせいわ》』に語っています。もしも光秀がなおも遅疑逡巡《ちぎしゅんじゅん》していたとしたら、時宜《じぎ》を逸《いっ》して、事は成功しなかったでしょう。

これが一拍子の打ちの気合と呼吸です。

ある行動に出るとき、その完璧な成果を求めるあまり、人にはためらいの心が生じがちなものですね。あるいは、そのリスクについて、あれこれ思考をめぐらす傾向があるのではないでしょうか。

完璧を求めること、リスクを避けることは、それ自体悪いことではありませんが、このために成功するための好機をつかみ損ねることは非常に多いようです。

難局に当面したとき、眼前に大仕事が立ちはだかったとき、一拍子の呼吸で取り組む心を日頃磨いておきたいものです。

流水《りゅうすい》の打《う》ち――「鈍」の力

――ゆく河の流れは絶えずして、しかも、もとの水にあらず。

鎌倉時代初期の歌人、鴨長明《かものちょうめい》の随筆『方丈記《ほうじょうき》』の冒頭の句は、次のようにつづきます。

――よどみに浮《うか》ぶうたかたは、かつ消え、かつ結びて、久しくとどまりたる例《ためし》なし。

流れる水の淀《よど》みに浮かぶ泡《あわ》は消えては結ばれ、また消えて、いつまでも同じ状態であるということがない、という意味から、名文で知られるこの作品全体に流れる「無常」観が伝わってきます。

流水も、水の淀みも、剣の求道者に取り込まれると、趣《おもむき》の異なる自然の相になります。武蔵の場合、この自然現象に技法の一つをたとえるのです。

「流水の打ち」とは、敵と自分との距離が極めて接近していて、敵が早く技を仕掛けようとするときの打ち方です。

このようなとき、自分は心身をおおどかに構え、身体の動きの後から太刀をできるかぎりゆ

流水

つくりと、流水の淀むときのように働かせて、大きく、強く打つのである。――**我身**《わがみ》**も心も大**《おお》**きになつて、太刀を我身のあとより、いかほどもゆるゆると、よどみある様**《よう》**に、大きくつよく打つ事あり。**

おそらく武蔵は、この打ち方の技法を何とか表現しようとして、自分が触れてきた自然の様々な風景を目に浮かべたのでしょう。行き着いたのが、流水とその淀む景だったのでしょう。水には、形がありません。形が無いから、四角い器に入ると四角になり、円《まる》い器では円くなります。また、一滴の露に結ばれるかと思うと、奔流になったり、湖や大海になったりします。水は無形ゆえに、無限の変化と力を秘めています。古来、剣士が水から「無言の説法」を引き出そうと努めたのはそのためでもありますが、武蔵もその一人でした。

ところで、「流水の打ち」の眼目《がんもく》は、「我身も心も大きになつて」というくだりにあります。身体と心が大きくなるように、という直訳では「そんなことできますかいな」と言われそうなので、「心身をおおどかに構え」と意訳してみました。要は、相手の仕掛けようとしていることに即座に心身をこせこせと反応させず、相手のリズムに合わすことなく、ゆったりと対応する間《ま》を置きなさい、ということなのです。

いいかえれば、あえて心身の一瞬の反応を鈍くすることを、武蔵はこの技法に活用しているのです。

そこで思い当たるのは、人間が成功するには「運《うん》」「鈍《どん》」「根《こん》」の三つがそろわなければならない、という教えです。ある高名な数学者の講演にあった話ですが、「運」はチャンス、またはチャンスをチャンスととらえる能力。「根」は根気、あきらめない努力。それはうなずけることですけれども、「鈍」つまり鈍感さが、なぜ大切なのでしょうか。

人は生まれるのと同時に、情報の海に投げ込まれてしまいます。赤ん坊のときから、育つためにに必要とされる情報を与えられますし、年とともに情報の量は増え、内容は多岐に渡っていくものです。殊に「情報化社会」といわれる現代に生きる人間は、情報の「洪水」に翻弄されかねないのが現実です。

そういう情報には、自身の人生をより創造的に生きるのに本質的には関わらないものもあり、無益な情報、あげくには有害な情報も混ざっています。

ですから、情報に対する反応を鈍くして、本当に自分にとって大事な情報だけを吸収する力をつちかうことが、何かを成し遂げるのには求められることになるのです。いい意味での鈍感さ、これも心の錬磨なしには修得できないことでしょう。

石火《せっか》のあたり――心気力一致

日本文化では古来、「間《ま》」ということが重んじられてきました。間には空間的な間――たとえば日本建築に特有の床の間《とこま》や縁側《えんがわ》に象徴される間と、また時間的な間――芝居などの台詞《せりふ》にみる無言の時間、音楽や舞踊の拍子・リズムの空白の時間――とがあります。ともあれ、間というものがわからないと、日本の伝統的な芸術・芸能の奥深い味わいは伝わってこないもののようです。

そういうことから、日本語にはこの一字の付くことばがたくさん生まれています。そして、それらのことばには、生活の知恵、人生の知恵が込められているものです。

物事は「間が延びて」も「間が抜けて」もいけないし、やはり「間に合う」ように取りかかることが大事。しかし「間を置く」「間を配る」ことも場合によっては必要。人付き合いの上では「間を合わせる」「間を持たす」工夫が要ることもありますし、そうしないと「間が悪い」と批判されかねないものです。

こんなぐあいに「間」という語の用法を挙げるときりがありませんが、今日ではあまり使われなくなった用語に、「間髪《かんはつ》を容《い》れず」ということばがあります。間《あいだ》に髪の毛一本も入れる隙間のないという意から、「即座に」「とっさに」といった意味に使われます。

たとえば、「○○さん」と、あなたに声が掛かったとき、「はい！」と応えます。何の用事のために声を掛けられたのか、といった思慮分別がまったく介在しないその返事が、「間髪を容れず」の対応ということになります。

武蔵の「石火のあたり」とは、その間髪を容れぬ打ちのことです。

「電光石火《でんこうせっか》」ということばがあるように、いなずま（電光）か、火打石《ひうちいし》の火のひらめき（石火）のように、即刻即時《そっこくそくじ》に相手に太刀を打ち出す技法なので、こう名づけられたのでしょう。

やや詳しくいうと、自分の太刀を静止させた状態から、動かす兆《きざ》しも見せずに、とっさに打つのです。そのためには、手足も身体も同時に連動させて強く打つ瞬発力が求められます。

この打ちは幾度も反復して習わないと身につかないが、鍛錬次第でできるようになるものだ。

――**此打ち、度々打ち習はずしては打ちがたし。よく鍛錬すれば、強くあたるものなり。**

難度の高い技法でも、くりかえし錬磨すればできるようになる、と武蔵は言うのです。

「石火のあたり」は、現代剣道の試合でも、よく見受けられるものです。剣道の試合を見た人から受ける質問の中で多いのは、竹刀が相手の面《めん》や小手《こて》に当たっているのに、なぜ審判は「勝負あり!」の旗を揚げないのか? というそれです。逆に、当たったように見えなかったのに、同時に三人の審判の旗が揚がることがあります。

まさに「目にも止まらぬ早業《はやわざ》」で勝敗が決することが多いのが剣道なのですが、そのときの打突《だとつ》は「石火のあたり」であることが少なくありません。

——夫《それ》剣者《けんは》　瞬息《しゅんそく》　心気力一致《しんきりょくいっち》。

とは、幕末の坂本龍馬《さかもとりょうま》らが学んだことでも知られる北辰一刀流《ほくしんいっとうりゅう》という流儀の祖、千葉周作《ちばしゅうさく》ののこした名言ですが、「先に当たった」「早く打った」では、剣道では一本になりません。心と気合(気迫)と力の三つが、一つの打突に一致して凝縮したとき、はじめて有効な打突と認められるのです。「石火のあたり」も同じことをいったものです。

生きていくうえで求められる瞬発力も、この三要素が瞬間的に一体となって発揮されるのが理想的といえましょう。

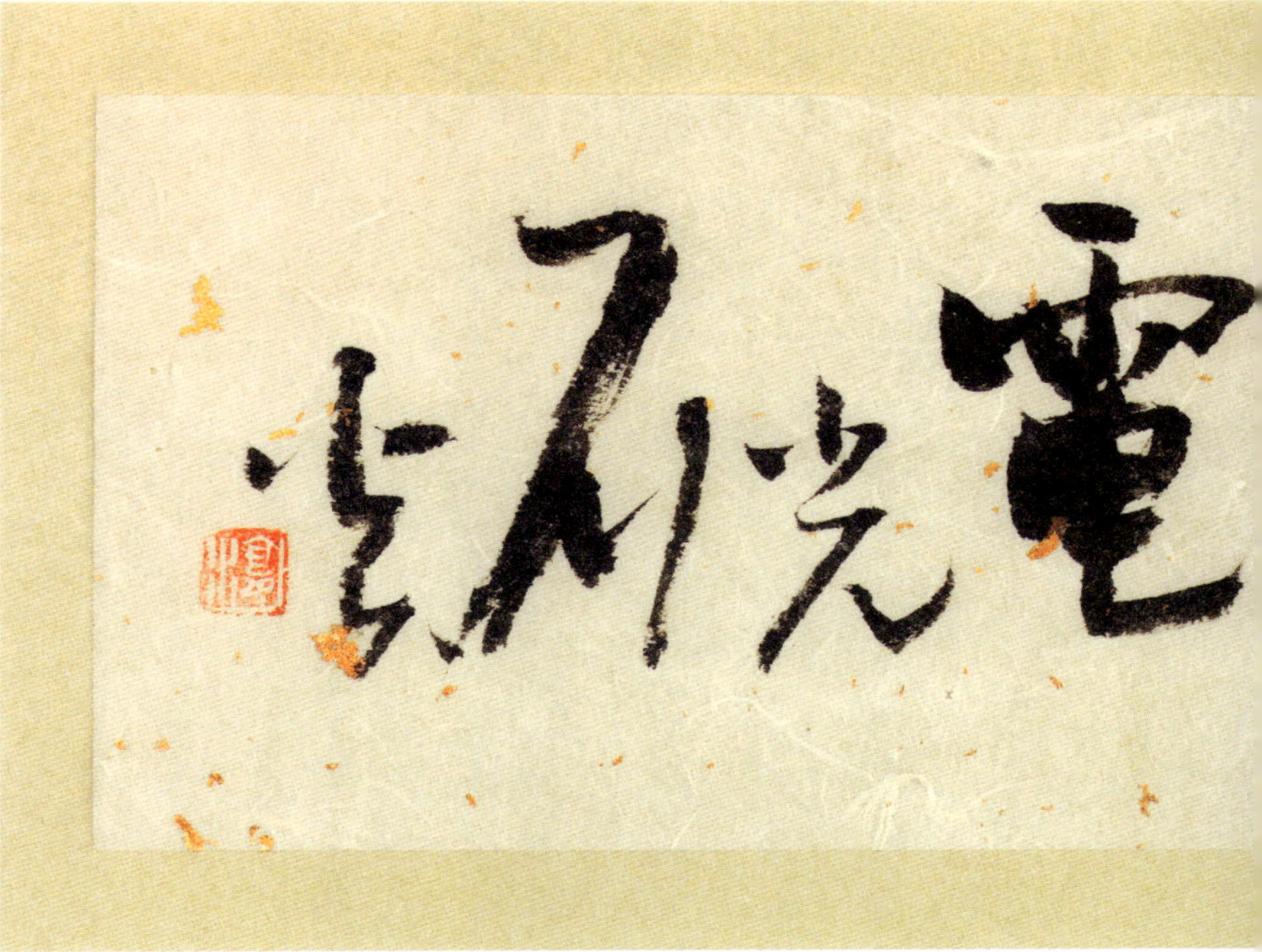

漆膠《しっこう》の身《み》——身を捨ててこそ

日本独特の工芸である蒔絵《まきえ》は、漆《うるし》を塗った上に金・銀・スズ粉、または色粉《いろこ》などを蒔《ま》きつけて文様《もんよう》を表わすもので、漆《しつ》工芸の中で最も美術的な価値の高いものとされています。その漆には精製したものと生漆《きうるし》がありますが、この生漆を澱粉《でんぷん》製の糊の中に練り込んだ漆糊《うるしのり》は、破損した陶磁器の接着料として用いられてきました。「漆膠の身」の「漆」は、「膠《にかわ》」とともに強力な接着料とされたその漆糊のことでしょう。

それにしても、接着料の名を剣の技法の名称に引いた、武蔵一流の造語法が面白いですね。これは「入身《いりみ》」の技として武蔵が挙げたものの一つです。入身は、相撲ならば相手の身に自分の身体を入れることをいいますが、剣術では「一足一刀《いっそくいっとう》」の間合《まあい》——敵に対して一足《ひとあし》踏み込んで打ったり突いたりしたとき、それが決定打となる距離——よりもさらに接近した位置に身を入れ込む技法のことです。

漆膠の身の場合は、体全体（頭も手も足も）を漆糊か膠でくっつけるように、ぴったりと相手の身体に密着させて入身することなのですが、いかにも危険そうな技とは思われませんか？

敵に切ってくれといわんばかりの状態に、あえて身を置くのですから。剣術のそんなややこしい技が、どうして人生に資することになるのか、と首をかしげる向きもあるかもしれませんが、ここで「相討《あいう》ち」ということばに注目していただきたいのです。

日常語として使われる剣道用語の代表的なものの一つが相討ちで、「相打ち」とも書きます。それは辞書に「敵味方双方が同時に相手を打つこと」（『広辞苑』）とありますが、もともと相討ちには「同時に」という意味は含まれていませんでした。

英訳の禅の本にこのように訳されたことがあるように、文字通り「互いに打ち倒し合う」の

——mutual《ミューチュアル》 striking《ストライキング》 down《ダウン》

が相討ちです。

この意味での相討ちを剣の道の極意と説いた流派は、少なくありません。かの新撰組《しんせんぐみ》の近藤《こんどう》勇《いさみ》や土方歳三《ひじかたとしぞう》の学んだ剣、天然理心流《てんねんりしんりゅう》でも相討ちを目標として修行させたものです。ですから、相討ちの理《ことわり》を教える歌が多く詠まれています。次の教歌はその最も代表的なものとされています。

切り結ぶ刃《やいば》の下ぞ地獄なる　身を捨ててこそ浮かぶ瀬《せ》もあれ

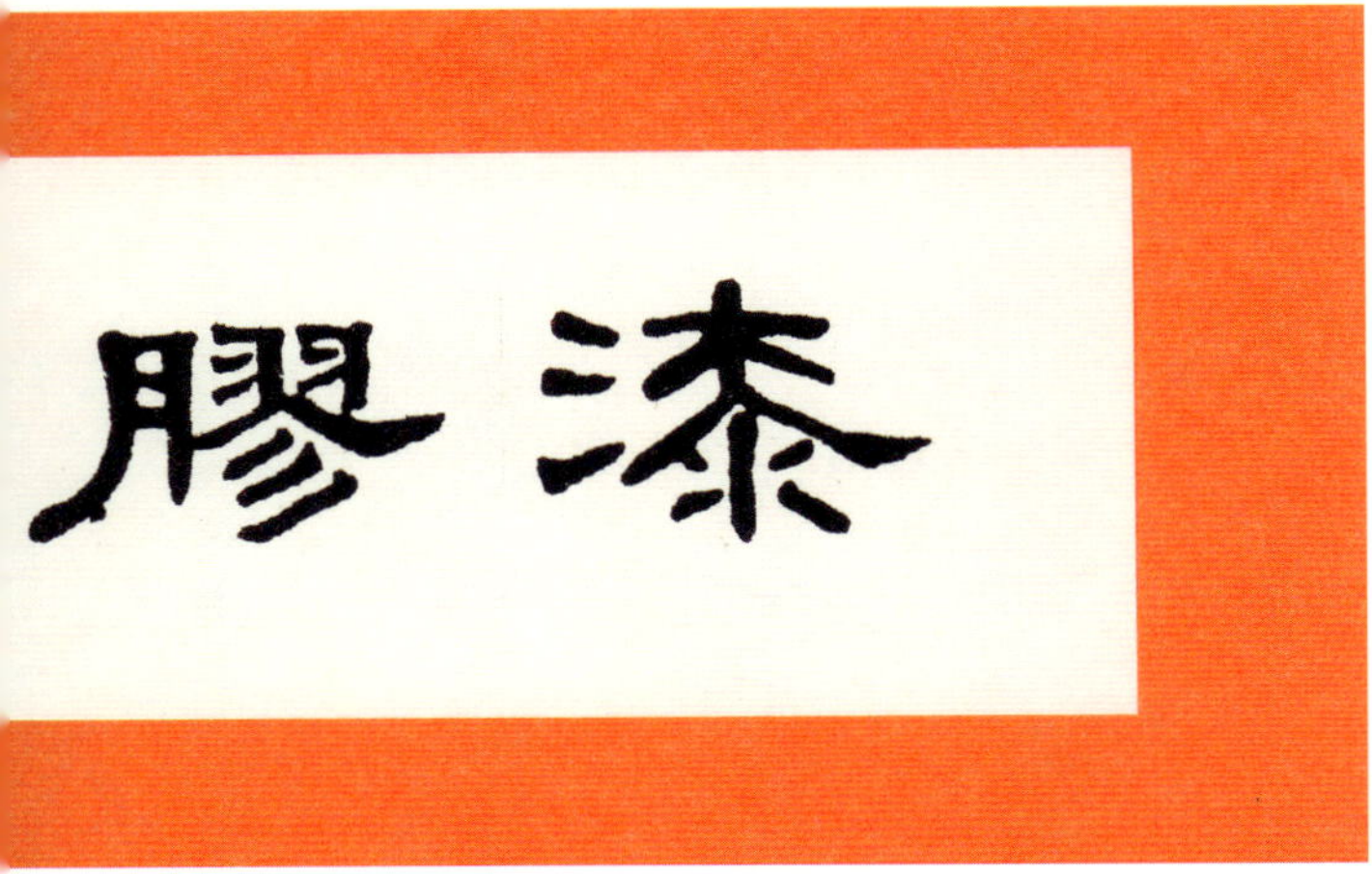

この歌に示されているように、相討ちは「捨て身」ということと分かちがたく結ばれた剣理です。相討ちには、「わが肉を切らせて、敵の骨を断つ」がごとき捨て身の心が求められます。身を捨てるといっても、玉砕《ぎょくさい》することではありません。身を捨てきることで、かえって生きる活力が滾々《こんこん》として湧いてくることを教えているのです。

禅のことばに、「大死一番《だいしいちばん》　絶後再蘇《ぜつごさいそ》」という語があります。右記の教歌でいうと、「身を捨ててこそ」が大死一番、「浮かぶ瀬もあれ」が絶後再蘇に当たります。捨て身の心をもってする勇気ある行動が、自分の持てる力の発見、活き活きした新しい世界の発見につながる、と

いうのです。

おそらく、このような東洋的な物の考え方は、西洋の合理主義になじんだ人には理解し難いことでしょう。けれども、真の勇猛心は捨て身の心から自然に燃え立ってくるものであり、それが人生の危地、難局を脱し、自己を活性化する道を開く結果につながることは、歴史がこれを示しているのです。

漆膠の身はもとより、武蔵の教える入身の技の修練は、身を捨てることがかえって活路を開くことを暗に示しているのではないでしょうか。

丈《たけ》くらべ——比べ勝つ！

たとえばヴァイオリンの初心者が、名ヴァイオリニストの演奏を聴いたとします。その場合、ある人は非常に感動して、「よし、あのように弾けるまで、私も命がけでレッスンに励もう」と、一念発起することでしょうが、そうでない人もいるはずです。

「いくら頑張ってみても、私なんか、あんなに弾きこなすまでにはなれないだろう」

こう自分に見切りをつけて、さっさとヴァイオリンの勉強を投げ出してしまう人のことです。俗にこれを「位負《くらい》け」といいますが、真剣勝負という極限状況では、位負けした瞬間にすでに死を覚悟しなければなりません。相手に圧倒され、萎縮した身が、勝って生き残ることができるはずはないのです。

「人生は鼻の差」ということばを耳にされたことはありませんか？

夢をかなえることができた人と、実現できない人との差は、実は競馬にたとえると鼻の差ほどしかない、という意味です。剣を交えての戦いでも鼻の差、つまり紙一重の差が生死の分かれ目になることを、古今の「剣豪」の試合が物語っています。

「丈くらべ」とは、これまた「入身《いりみ》」の一法ですが、人生における鼻の差の負け、位負けを喫《きっ》しないための心をつちかう教えとしても受け取ることができます。

入身するとき、自分の足腰と首を伸ばす心づもりで、わが背丈を敵の背丈に比べるようにして身を入れるのが「丈くらべ」という技法ですが、武蔵がここで用いている「比べ勝つ」ということばは、ただちに心の問題に関わってくるものではないでしょうか。

ヴァイオリン演奏の鑑賞の話でいうと、奏者に比べ勝つ心意気を持ってこそ、上達の道が開けようというものです。その奏者にも初心の段階があったのであり、最初から優れた演奏ができたのではありません。ですから、比べ勝つことは、あなたにとって決して「見果てぬ夢」とはならないのではないでしょうか。

唐突ですが、武士の人生読本として江戸時代の中期に成立した『葉隠《はがくれ》』という古典にこんなことが述べられています。

名人のことを見聞きするとき、「自分などはとても及ぶまい」と思うのは、意気地ないことだ。名人も人間、自分も人間ではないか。どうしてそこに優劣があるものかと思えば、もう、その時点で創造的人生に踏み出したのも同然なのである。——名人の上を見聞きて、及ばぬ事と思ふは、ふがひなきことなり。名人も人なり、我も人なり。何しに劣るべきと思ひて、一《ひと》度打向《たびうちむか》へば、最早《もはや》其の道に入りたるなり。

考えてみれば、あたりまえのことですね。名人だって、おえらがただって、お金持ちだって、神さまでもないし鬼でもありません。同じ人間なのです。

のっけから比べ負けて、劣等感にさいなまれて縮《ちぢ》こまっていては、あっという間の短い人生、人に頭を踏みつけられてばかりで、損じゃありませんか!

ここは一つ、雲の上の人のように思われる人物と、「丈くらべ」をする一念を凝らして、それぞれの道を歩んでいきたいものです。

謙虚に学ぶ姿勢を保ちながらも、そういう気概を大事にしたいのです。

かなしさ
文くらべ

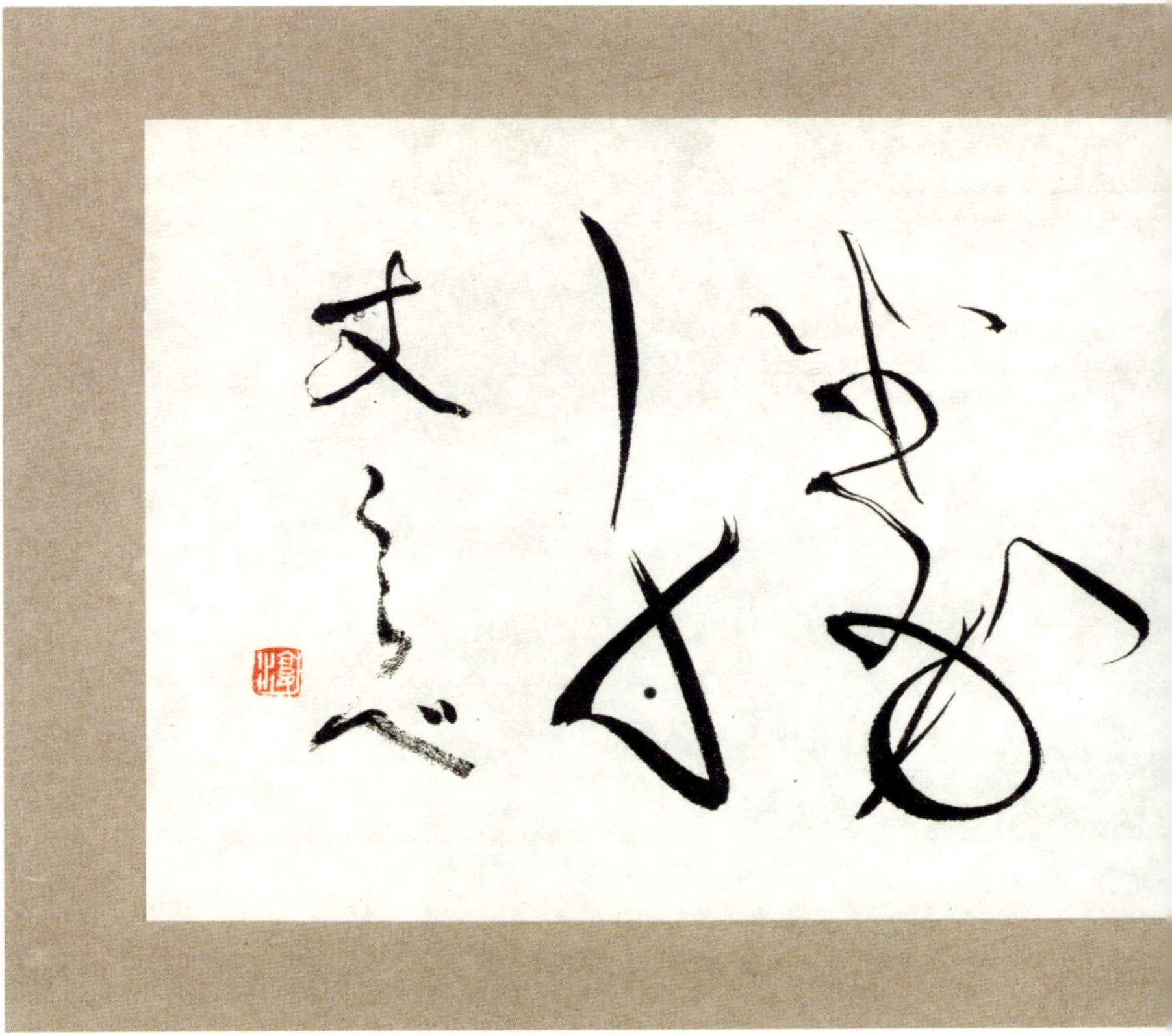

ねばりをかくる――自信と覚悟をもって

勝海舟《かつかいしゅう》といえば、人気者の坂本龍馬《さかもとりょうま》の師として、また、「一拍子の打ち」（36ページ）でも触れたように江戸無血開城の立役者として知られています。海舟は徳川家のいわば「終戦内閣」の最高首脳として、征討軍《せいとうぐん》官軍の大総督府《だいそうとくふ》の西郷吉《さいごうきち》之助《のすけ》隆盛《たかもり》と会見し、江戸城総攻撃を回避させ、敵味方互いに人命を損なうことのないようにと、徳川幕府二百七十年の幕引きを成功させたといわれます。

気鋭の蘭学者として西洋の文明の価値に着目し、咸臨丸《かんりんまる》による渡米体験で実地にこのことを確かめた海舟は、幕臣としてはまったく新しい行動型を歴史に刻した開明的な人物でした。そもそもは海軍畑で働いてきた彼は、日本を含む東アジアと西洋とを対置させるという広い視座に立って、幕府と諸藩、朝廷という枠を取り払った国防、そのための強兵《きょうへい》策を推し進めました。

その「しごと」は、薩摩・長州などの雄藩《ゆうはん》に味方を少なからず生み、一方、幕府の中に多くの敵をつくる結果をまねきましたが、その間、いかに彼がねばり強く人を説得し、啓発しつづけたか、その忍耐は想像をこえるものだったに違いありません。海舟は維新後、みずから次の

ねば　なりき　をくる

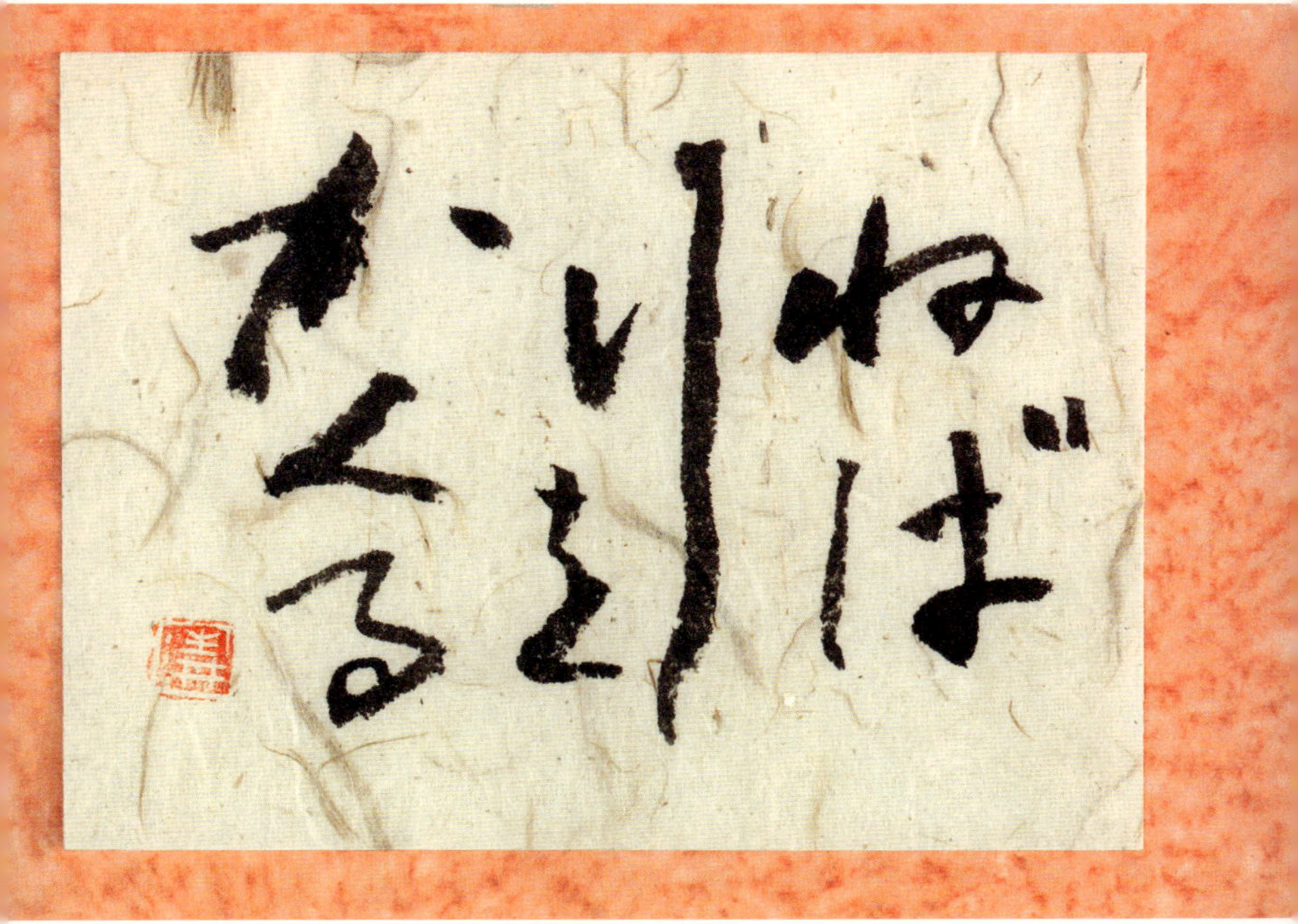

ように語っています。

「根気が強ければ、敵も遂には閉口して、味方になってしまうものだ。確乎《かっこ》たる方針を立てて、決然たる自信によって、知己《ちき》を千載《せんざい》の下に求める覚悟で進んで行けば、いつかは、わが赤心《せきしん》の貫徹する機会が来て、従来敵視《てきし》して居た人の中にも、互いに肝胆《かんたん》を露しあうほどの知己ができるものだ。区々《くく》たる世間の毀誉褒貶《きよほうへん》を気に懸けるようでは、到底《とうてい》仕方がない」(『氷川清話《ひかわせいわ》』講談社学術文庫・現代用字に改めてルビを振る＝筆者)

この根気を剣の入身《いりみ》の太刀筋に用いるのが、武蔵のいう「ねばりをかくる」です。すなわち、敵の太刀に自分の太刀を粘着させて、根気を逞《たくま》しくしてねばり入る技なのですが、ここで武蔵が付け足している左記のことばに注意しておきましょう。

「ねばる」と「もつれる」とには違いがある。「ねばる」は強い。「もつれる」は弱い、こう分別しておくことが大切だ。——**ねばると云《いう》事、もつるると云事、ねばるは強く、もつるるは弱し。此事《このこと》分別有《ある》べきなり。**

一つの事に時間と労力を費やしてへこたれることのない人を見るとき、「よく根気がつづくものだ」と感心することがあります。

けれども、世故《せこ》に長《た》けた人の目にかかると、単にそれは「もつれている」だけであって、根気の強さ、ねばり強さとかけはなれた状態にすぎないことがあるそうです。つまり、いたずらに試行錯誤《しこうさくご》に陥《おちい》り、もつれ合い、からみ合って、ひたすら消耗しているばかりではないか、というのですね。成果を得るための試行錯誤は、もちろん必要なことでしょうが、これでは時間と労力の浪費に終わってしまいかねません。

「ねばる」と「もつれる」の違いは、それではどこから生じるのかというと、前述の海舟の述懐がその答えを暗示しているのではないでしょうか。

「確乎たる方針」を立てて、「決然たる自信」をもって事に対応する「覚悟」がそこになければ、根気はいたずらに空回りして、ただ「もつれる」だけの骨折り損に帰してしまうのです。

このことは「継続は力なり」という教訓にもあてはまりそうです。物事は根気よく続けてこそ力となるというこの教えも、自分は絶対それを続けることができるという自信、続けてみせるという覚悟に裏打ちされていないと、いくら続けても実質的な効力を生むに至らないに違いありません。

「ねばりをかくる」心の獲得には、これまた修練が求められることになります。

喝咄《かつとつ》——克己《こっき》の呼吸

時代劇に欠かすことのできないチャンバラ（殺陣）場面では、ヒーローが敵の振り下ろす刀を受け止めては斬り返し、ばったばったと倒していくことになっていますが、本当の斬り合いがあんなふうに行なわれたものか、大いに疑問とするところです。一対一の斬り合いはもちろんのこと、複数を相手のそれでも、まずは気で圧《お》し合い、圧し勝ってから、一刀のもとに斬撃《ざんげき》するのが通常の斬り合いというものだったのではないかと想像します。

しかし、敵の刀を受ける局面も、まったく無かったとはいえないでしょう。その場合は、あくまでも刃《は》の部分で受け止めたはずです。刀の「平《ひら》」（鎬面《しのぎめん》）や「棟《むね》」（背の部分）は、折れず・曲がらず・よく切れるという三要素を満たす名刀でも、元来、脆《もろ》くできているものなのです。

さて、「喝咄」とは、現代の剣道でいうと、「応じ技」に含まれる技法です。追い込んだ敵が打ち返してきたとき、下からカッと突き上げるようにして応じ、瞬時のフェイントをかけるや否や、トッと返して打つ技法です。「喝」も「咄」も心の中で発する擬音語《ぎおんご》です。

このときの突き上げる太刀筋は、一瞬、敵を幻惑するためのそれであって、敵の刀を受け止

めるものではありません。真剣勝負に練達してきた武蔵は、いたずらに刀を損傷させるような技法を人にすすめることはしませんでした。

剣技の話はともかく、『五輪書』の数多いキーワードの中からあえてこの奇妙なことばを取り上げたのは、カッ（喝）と応じるのとほとんど同時にトッ（咄）と打つ、その素早い転換の呼吸に着目したいからです。それは日々の暮らしの中で突きつけられる難題、難局を「敵」に見立てたとき、その解決と打開のための自己暗示に応用できるものではないでしょうか。

困ったことが持ち上がったとき、心の中でカッとそれに応じ、早くも転じてトッと当たること。何か悩ましい事、苦しい事が立ちはだかったとき、カッと対応してトッとこれを払いのけること。このような呼吸が体得できれば、素晴らしいと思います。

それはまた自分という、実は「最大の敵」に勝つための呼吸に通じるかもしれません。「自分に勝つことが一番大切なこと」とは、一流のスポーツ選手がよく口にすることばですが、弱い己《おのれ》、未だ至らぬ己、欠点をかかえている己を「敵」として、これに打ち勝つ心、すなわち克己心の錬磨が、あなたをより高く、より大きくするための最も厳しい、しかし最も成果が期待できる修行の方法となり得るとすれば、「喝咄」の呼吸をぜひ身につけておきたいものです。

ここで、武蔵が「水《すい》の巻《まき》」の末文に記していることばを引いておきます。

今日は昨日の自分に勝つこと。明日は「下手《へた》な自分」に勝ったとすれば、その後、今度は「上手な自分」に勝つぞと自身に言い聞かせ、この書（五輪書）に書かれている教えにしたがって修行し、心が少しも横道に逸《そ》れないように念じておくべきである。——**今日は昨日の我に勝ち、あすは下手に勝ち、後は上手に勝つと思ひ、此書物《このかきもの》の如くにして、少しも脇の道へ心のゆかざる様《よう》に思ふべし。**

容易ならざることですけれども、今日の自分と昨日の自分とを対置させて、未熟な自分、弱気な自分に打ち勝ち、逆に、上達した自分、強くなった自分を踏み破っていくのに、「喝咄」の呼吸をもってするならば、理想と現実の間は確実に狭まっていくに違いありません。

火の巻

他人にまどわされない智慧

吉澤大淳作「虎嘯」(1988年)

三《みっ》つの先《せん》――「敵」を致す心

物事が「後手《ごて》に回る」のは好ましくないことであり、予想される事態に備えて「先手《せんて》を打つ」必要があります。囲碁や将棋でも、「先手を取る」ことは戦いを有利に展開するために不可欠の方法とされていて、多くの場合、勝ちにつながるということです。すなわち「先手必勝」というわけです。

剣術においても先手を取ることは、勝敗の分かれ目となるもので、諸流様々な「先《せん》」の教えが唱えられてきましたが、武蔵は、複雑な教理が実戦ではかえって人を惑《まど》わすことを踏まえて、「三つの先」にこれを集約して教えています。

まずは「懸《けん》の先《せん》」。これは最も一般的な先手の取り方です。自分から攻めて（懸かって）いくときの先であり、思いきりくだいていうと「早い者勝ち」にほぼ相当するものといっていいでしょう。

第二は「待《たい》の先《せん》」になります。相撲に「後《ご》の先《せん》」ということばがありますね。立合いのとき、相手に先に攻撃の体勢をとらせ、自分は守り（待）の備えを固めたうえで、後《おく》れて攻めに出て、逆に先手を取って勝つ技法です。これは防戦一方の結果をまねいてしまいがちなので、三役級の力士でないと、とてもなし得ない高度の技法とされているそうです。武蔵はこの先取法《せんしゅほう》を「懸の先」と対置させて、このように名づけたのです。

以上の説明からして、もう一つの「体々先《たいたいのせん》」はおよそ察しがつくことでしょう。

敵と我とが、同じように攻めに出て、先手を取り合う中、秘術の限りを尽くし、先《さき》んじて勝ちを制すもので、現代の剣道では「先々の先《せんせんのせん》」と称しています。真剣勝負においては、これは互角の技倆《うで》をもつ者同士の勝負にしか見受けられない先取法といえましょう。なぜならば、互いの力量にわずかでも差があると、劣る側はこのような攻め合いに出る戦意を早《は》や失っている場合がほとんどだからです。

先の教えは、日々の行動、言動のうえで、非常に大切なことです。それは個人の主体性をいかに発動して、自由自在な生き方を実現するか、ということに大いに関わってくるからなのです。

剣術の試合では、「敵を致す」ことが勝利の鉄則とされます。すなわち、敵をこちらの思うままに働かせ、その働きを自分にとって有利に用いること、一言でいえば、主導権を握ること、イニシアチブをとることです。致された方《ほう》には、もう勝ち目はありません。

この「敵」は、生活の中に置き換えると、必ずしも人間（他人）だけとは限りません。殊に現代社会では、おびただしく発信される様々な情報を、したたかな「敵」と見立てて対処するほうが、自分の危機管理のうえで望ましいのではないでしょうか。

情報とは、文字通り「情」を内包した知識、知見なのですから、発信する媒体（人、組織）の主観が混ざっているのがむしろ当然だといえます。どこまでが客観的な裏付けのある情報か、どこからが主観によるものか、ということを見分けるのが極めて難しいのが、情報というものです。

この意味で、まことに情報こそは現代人にとっての最強の敵である、といっても過言ではないはずです。この大敵に致されると、人は自身が主体的に生きる道を見失い、自由を束縛されて、極端な場合は、絶望的な状況に陥ってしまうことも少なくありません。

私たちは努めて、情報というものを「致す」ことのできる自己を磨き上げておきたいものです。

そのためには、述べたような「三つの先」の教えを、情報に対して臨機応変に、しなやかに使い分けることが求められるのではないでしょうか。

懸
待
體
の先
大淳

渡《と》を越《こ》す――人生の「難所」を乗り越える

人の一生を航海にたとえたときのことばに、順風満帆《じゅんぷうまんぱん》という語があります。追風を船が帆いっぱいにはらんで進むように、物事が順調に運ぶことをいいますね。けれども人生は、むしろ逆風を受けながらも生きていかなければならないことのほうが、多いのではないでしょうか。

自分をとりまく環境に少しも逆風が吹いていないときでも、長い人生には、思いもかけなかった、航海にいう「難所」に遭遇することがあります。それが時として、人を打ちのめし、容易には立ち上がれない、絶望的な状況に追い込んでしまうこともあります。

剣の道の勝負、また合戦の最中にも、ここ一番、乗り越えなければならない難所があるものであり、これを武蔵は「渡《と》」と言っています。

それは戦っている人間同士、あるいは軍隊同士のみが体感する難所であって、言語に表わしがたいもののようです。ともかく、この渡を乗り切ることができなかったならば、真剣勝負という極限状況のもとでは、すなわち死を受け入れねばなりません。合戦においては、敗戦を覚

悟しなければなりません。

話は、人生の難所にもどります。

というのも、『五輪書』という剣術の書物にはめずらしく、武蔵はここで人生論を唱えているからなのです。


人間が世を渡るにも、今が一大事の場と心づもりし、「この難所を越してみせるぞ」と決意することがあるはずだ。——**人の世を渡るにも、一大事にかけて、渡を越すと思ふ心有るべし。**


渡を越すには、それではどうしたらいいのでしょうか？

航海でいうと、自分の船の位置、当日の運勢を頭に入れておくこと。風向きを知ってこれを利用するのはもちろんのこと、風の条件が悪化しても、艪《ろ》と舵《かじ》をたよりとして、ともかくも港に着くことだ、と彼は述べています。

これは処世にあてはめると、自分が今おかれている立場、気運を念頭においたうえ、その時々の周囲の状況を把握してこれを活かし、たとえそれが思わしくないほうへ変化しようとも、持てる力の限りを尽くして困難な時を乗り越える、ということになりましょうか。
ところで、この条の中に、さりげなく、武蔵は彼ならではの厳しい教訓をはさんでいます。友船《ともぶね》——本船に伴走する船——をたよらずに渡を越しなさい、という教えです。

「天才」といわれるほどの人は、おそらく計画どおりの人生を全うすることができるでしょうが、不幸にして、私たちの大半は天才ではありませんね。凡人である限り、生涯には予期しなかった難局にぶつかって、思いどおりに事が運ばなくなることが、何回もあるはずです。

そんなとき、えてして人は他人の力を当てにしがちなものですが、独立独歩の孤高の剣士だった武蔵は、「友船は出さずとも」、つまり他人の力を求めることなく、独力でこれを乗り切ることをすすめるのです。

もちろん、人間は一人では生きていけません。支え合って生きるからこその人間社会です。しかし、いわゆる正念場に自分が追い込まれたとき、他者の意見を参考にすることはあっても、極まるところ自分自身の判断力、行動力をたよりとしないわけにはいかないはずなのです。

武蔵のことばは、冷たすぎるかもしれませんが、独力で「渡」を越した後の充実感は格別のものでしょう。そして、そこで得るものは、きっと、わが人生のかけがえのない心の財産になるに違いありません。

景気《けいき》を知《し》る——事実を見る眼とは

「景気」という二文字が新聞や雑誌に躍《おど》る時代は、たいてい明るいとはいえない時代ですね。このことばは現代では経済現象にのみ使われているようです。武蔵がここに用いている「景気」が異なる意味合いなのは、いうまでもありません。

これは集団戦において敵軍の士気の波、兵力を含む情勢を十分に分析したうえで、主導権を握る戦略を講じて戦うべし、という教えです。

一対一の戦いでは、敵の流儀の特徴、その人物骨柄《こつがら》、弱点と強い点を分析し、意表を衝《つ》いて、これまた戦いのイニシアチブをとる戦法に出ることを教えています。

中国の兵書に、『孫子《そんし》』という古典があります。述べられているのは戦争で勝利をおさめる方法ですが、軍団を現代の企業の組織に置き換えて読み取ると、競争に勝って生き残るための知恵に満ちていることから、この書を解説したビジネス書がたくさん出されているので、ご存知の方も多いのではないでしょうか。

その『孫子』に、武蔵の「景気を知る」とほぼ同じようなことが説かれています。

敵を知り、自分を知れば、百回戦っても敗れることはない。敵のことは知らないが自分のことを知っている場合は、勝つときもあれば敗れることもある。敵と自分について、両方とも知らないと、戦うごとに敗北するものである。——彼を知りて己《おのれ》を知れば、百戦して殆《あや》うからず。彼を知らずして己を知れば、一勝一負す。彼を知らず己を知らざれば、戦うごとに殆うし。

孫子と武蔵、ともに敵情を分析して戦いにのぞむことの大切さを教えるのです。

それでは、敵を分析するうえで注意しなければならないことは、何でしょうか。

一つには、「事実」を直視し、過不足なくこれを受け入れることです。事実とは動かしがたいものなのですが、私たちは多分に希望的心情からそれを歪曲したり、過小評価したりして、受容しがちなものです。もちろん、逆の場合もあります。いたずらに妄想を抱いて、過大に見立てる傾向もあるのです。

これでは敵情観察のための有効な分析材料とはなり得ませんね。事実は「つめたいもの」ですけれども、勇気をもって、ありのままにこれを受け入れてこそ、精度の高い判断と決断ができるというものでしょう。

もう一つは、その事実の中でも、ともすると見落としがちな、細やかなことに目をつけること。武蔵は「地《ち》の巻《まき》」の末尾の部分で、「私の剣を学ぼうとする人は以下の九か条の教訓を守ってもらいたい」と言い、その中の一か条に、

――わづかなる事にも気を付《つく》ること。

と述べています。ささやかなこと、細かなことに着目することは、事実を正確に把握して分析の材料にするために重要なことなのです。さらに、実行するのは非常に難しいことですが、「物事の損得をわきまえること」「目に見えないことを洞察すること」といったことも挙げています。このようなことも「事実を見る眼」として心がけておきたいものです。

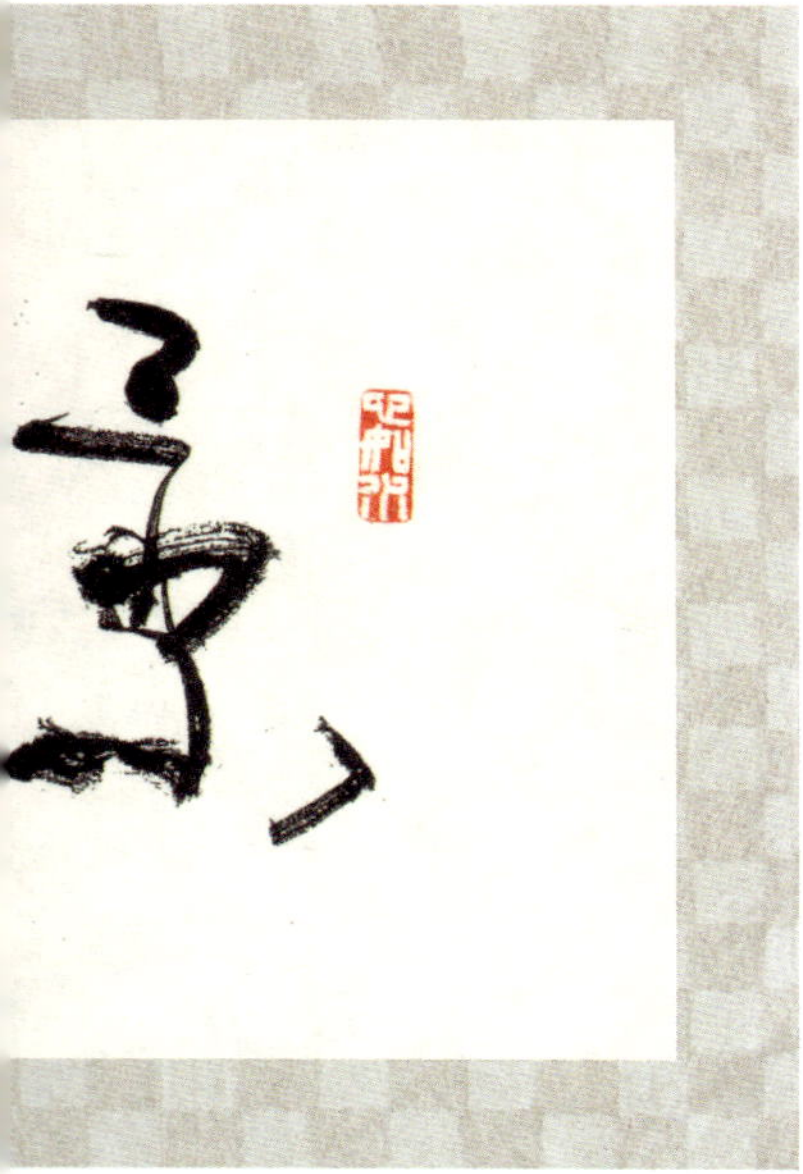

それはともかく、戦う以前に相手のことを分析してのぞむことができる人間を、軍学では「覚《かく》の士」とい

います。それができない者は、「不覚の士」ということになります。

山あり谷ありの人生で不覚をとらないための心を磨く場は、もちろん日常生活をおいてほかにありません。

崩《くず》れを知《し》る――心の隙を省みる

「武術」というと、なんだか博物館の片隅に置かれたもののような印象を受ける人が少なくないのではないでしょうか。しかし、伝統の武術の身体動作や呼吸法、「気」の修行法などには、現代の武道のみならず、野球などのスポーツにも資する要素が多く認められます。

その武術の本質は結局、最も少ない労力をもって、最も有効に敵に勝つ、というところにあります。五の力で攻めれば勝てるのに、十の力を注入するような、いわば「力攻め」は望ましいことではないとされています。このために試合では「虚実《きょじつ》を尽くして戦う」方法が重視されます。

虚実とは、平たくいえば「かけひき」のことです。

かけひきというと、術策《じゅつさく》を弄《ろう》して自分にとって都合のいい結果を導き出す、いかにも低劣で卑怯な方法のように思われるかもしれませんが、武術にいう虚実は、敵の防備、守りの体勢とその心の隙《すき》（虚）を、心身ともに充実した状態（実）をもって制すという、高度の技法を指しています。それには、わが「虚」を示して敵を誘い出し、にわかに「実」に転じてこれを打つ

朝

れを知る

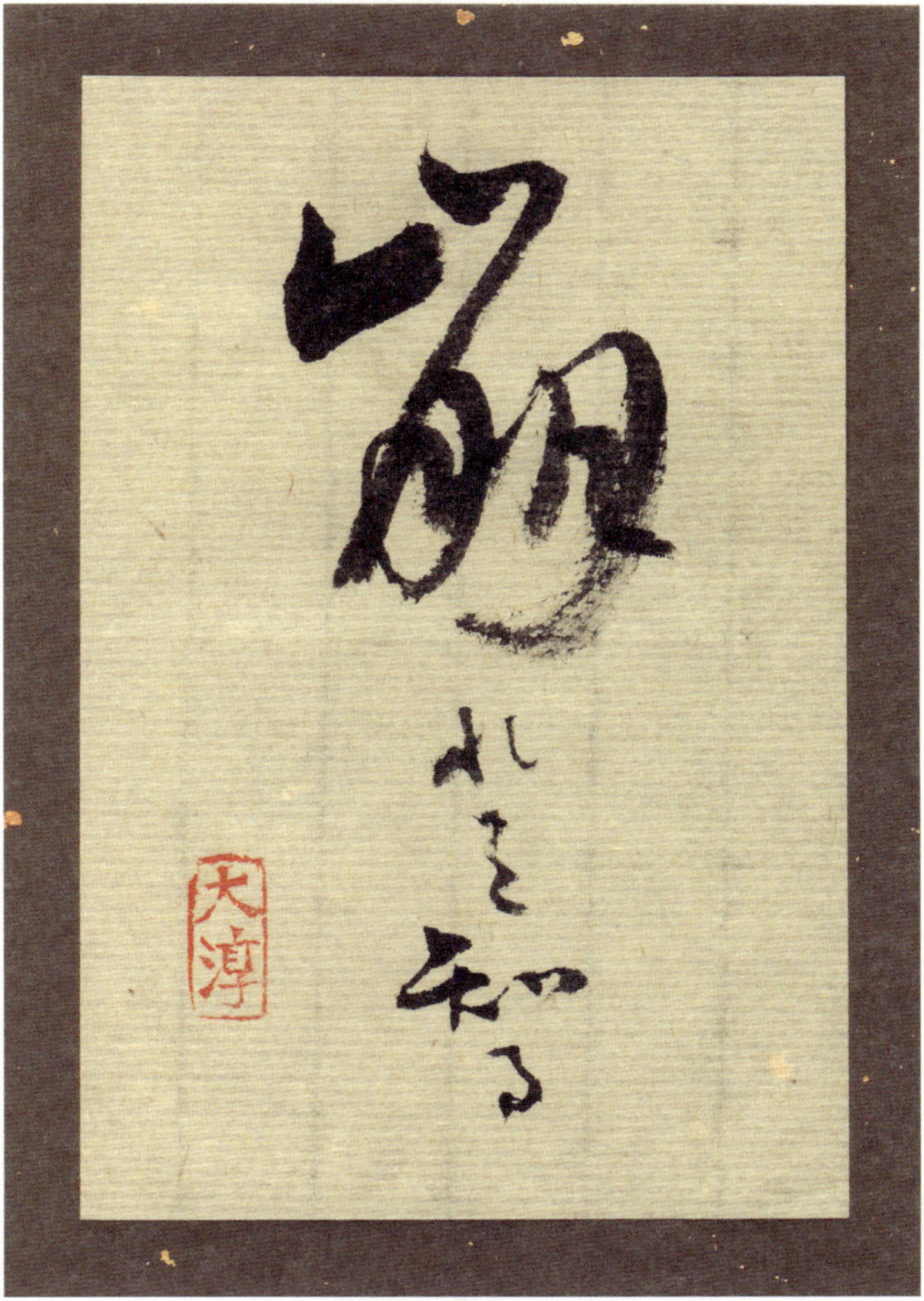

ような方法も含まれています。

武蔵の説く「崩れを知る」とは、そのかけひき、虚実の中でも最も一般的な教えでしょう。一言でいえば、敵の隙に乗じて、それを衝《つ》いて、心を緩《ゆる》めず追い込んで勝て、という教えなのです。

兵法とは、勝つためには寸分の妥協もしない、非情の道とは思いませんか？ こんなことを堂々と提唱するのですから。けれども、虚実の教えには、心の働きが深く関わっていることから、また人生訓につながる知恵を読み取ることもできるのです。

「火《か》の巻《まき》」の通例により、ここでも武蔵は集団戦（合戦）と個人戦（一対一の勝負）の両様にあてはめてその教理について述べていますが、後者のくだりを紹介すると左記のとおりです。


戦いの最中に敵の心身の拍子がちぐはぐになって崩れるのが見て取れるときがある。（その隙を衝いて攻め立てるとき）自分にちょっとでも油断が生じると、敵は立ち直り心機一転してしまい、戦いの効率が低くなるから、ここは敵の顔を立て直させないように、着実に追い討ちをかけることが大切なのだ。——**戦う内に、敵の拍子ちがひてくづれ目の付くもの也。****其《その》ほどを油断すれば、又たちかへり、新敷《あたらしく》なりて、はかゆかざる所也。其くづれ目に付き、**

敵のかほたてなをさざる様《よう》に、慥《たしか》に追いかくる所肝要《かんよう》也。

いったん敵の隙に乗じて攻めに出たならば、立ち直る間《ま》を少しも与えることなく、攻め立て、追い立てねばならないことを彼は教えているのです。

人生に失敗はつきものですが、往々《おうおう》にしてそれは「心の隙」から生まれるものです。右の教えは、失敗した後にその隙を徹底して反省するときの心構えに示唆するところが大ではないでしょうか。

失敗の因となった心の隙に対して、ともすると私たちの反省は中途半端に終わってしまいがちです。ここは一つ、「顔を立て直させないように、着実に追い討ちをかける」気概をもって、これに対処したいものです。そうしないと、同じ失敗をまたくりかえすことになり、「失敗は成功の本《もと》」とはなり得ないからです。

寝ても覚めても、失敗体験の大本《おおもと》にあったに相違ない心の隙を、自分なりに徹底的に省みて得られた結論を、その後の行動や言動に活かすことができれば、あなたのステップアップは約束されたようなものです。

敵《てき》になる——持つべきは「敵」

人質を取って家屋に立て籠もり、何か要求を突きつけたり、飛行機やバスをジャックしたりする犯罪者を、「取《と》り籠《こも》り者《もの》」と昔はいったものです。重い罪を犯して逃走する途中、子どもや老人などの弱者を人質にして村の民家に駆け込み、捕方《とりかた》の役人に取り囲まれても必死の抵抗を試みる、そんな事件が江戸時代にもひんぱんに起きたようです。

なにしろ相手は凶悪犯であり、しかも「窮《きゅう》鼠《そ》猫《ねこ》を噛《か》む」で、ひとしお凶暴さを増していますから、なかなか役人も恐くて踏み込めません。建物に火を放って、いぶり出すことも、人質がいるので不可能です。

しかし、よく考えてみると、取り籠り者は世間の人びと皆を敵にまわして、実際は心細い思いをしているのに違いありません。彼はいわば「雉子《きじ》」のごとき立場であって、彼の目には、世間の人たちが「鷹《たか》」のような存在として映じているはずなのです。

おそらく武蔵自身が諸国を修行している途中、幾度もそういう場に行き合わせたものでしょう、このようなたとえ話を引いて、彼は「敵になる」という教えについて述べています。

敵（この場合は取り籠り者）の立場にわが身を置き換えてみれば、右のようなあたりまえのことが見えてくるはず。世の人が恐怖感を抱いてしまいがちなのは、相手の立場になり替わることを知らないからである、と彼は言い、そして教えています。

合戦における戦い方においても、とかく敵軍をしたたかな敵と思い込んで、慎重を期して大事を取りがちになるものだが、自軍の兵力が充実していて、兵法の道理を得た勝利の戦術が立っているならば、何も心配するには及ばないことなのである。――**大《おお》きなる兵法にしても、敵といへば強く思ひて、大事にかくるもの也。よき人数《にんず》をもち、兵法の道理を能《よく》知り、敵に勝つと云所《いうところ》を能《よく》うけては、気遣《きづか》いすべき道には非《あら》ず。**

「敵になる」ことは結局、その心理を洞察し、有効に敵を制す道につながるものであり、この教えは一対一の戦いにも生きるものであることを説いているのです。

ここで、「敵」という語をもっと広く、他者という意味に受け取ると、兵法の教えながら、それはただちに自己を向上させるためのヒントにつながってきます。

大なり小なり、人間が他人との競争を強いられながら生きていかなければならないのは、古今東西、変わらぬ現実だといえましょう。その競争の中で、人が特定の他人に対してライバル意識を持つようになることも、少なくありません。

ところで、ライバル意識を持つこと自体は、決して悪いことではないはずです。旺盛にその意識を働かせて、ライバルと切磋琢磨《せっさたくま》するうちに、自分の目標を高め、結果としてそれを実現したという例はよく見かけることです。

「持つべきものは友」ということばがありますが、このように見ると、実は「持つべきものは敵」といえるのではないでしょうか。

しかし、その場合に大切なのは、まさに「敵になる」ということです。ライバルの立場に身を置き換えることで、自分に対して相手がひそかに抱いている畏敬の念に気づくことができれば、彼に嫉妬し、または彼の存在に重圧感を感じることもなくなります。一方、自分にも彼を尊敬する心があれば、ここに好《よ》きライバル関係が生じることになり、互いに高めあう道が開かれることになります。

「敵になる」ことは難しいことには違いないのですが、競争社会に創造的に生きる知恵をもたらす教えにもなり得るのです。

四手《よつで》をはなす──諦める覚悟

宮本武蔵と同時代の兵法は、神より伝授された剣であるとか、天狗や化身《けしん》（猿など）に教授された秘剣であるとか、虚飾《きょしょく》に満ちた兵法が大勢をしめていました。武蔵はそういう兵法を「生兵法《なまびょうほう》」と断じて、それを学ぶのはかえって「大疵《おおきず》のもと」と戒めています。

武蔵が主唱した剣の道は、このような神秘のヴェールを剥ぎ取り、「実《まこと》の利」をあくまでも求めるものでしたから、「はかゆかざること」すなわち労多くして効果のないことはすべて除いて相手を制する、という目的意識を貫くそれでした。

「四手をはなす」も、彼のそういう妥協なき兵法の面目をあらわしている教えといえます。

「四手」とは、敵味方合わせて四本の手をいいますが、意味するところは、戦いが「がっぷり四つ」のまま膠着《こうちゃく》状態に陥り、勝利の効率がまったく期待できなくなった状況です。このようなときは、いたずらに攻防をつづけても消耗するばかりなので、思いきって心を切り替えること。それが「はなす」の意味合いです。そして彼は、しかる後に効果的な戦い方を見出すべきであることを教えるのです。

頭の切り替えが上手な人がいますね。一つの問題に直面していたかと思うと、まったく異なった問題に思考を転換できる人は、羨ましがられるものです。

けれども、心を切り替えるとなると、これは容易ならざることではないでしょうか。心を切り替えるには、その前に一段階、大切な精神作用が必要です。「あきらめる」という心の働きです。

漢字でいう「諦《あきら》める」という語は、物事を断念する、ギブアップするという消極的な意味に使われるのが一般的ですが、そもそもは「明らめる」という意からきたことばです。物事を明らかに認識して受け入れる、という積極的な意味が元来はあったのです。「諦観《たいかん》」という仏教用語にある「諦める」は、まさしくそれでしょう。

あらゆる事象の真理（諸法実相《しょほうじっそう》）を明らかに観《み》るのが諦観ですが、仏教では四つの諦観（四《し》諦《たい》）という教えが説かれています。生老病死《しょうろうびょうし》という苦を諦めること（苦諦《くたい》）、煩悩の集まる相を諦めること（集諦《じったい》）、苦と煩悩とが消滅した悟りの境地を諦めること（滅諦《めったい》）、そしてその悟りの境地に到達するための道を諦めること（道諦《どうたい》）の四つの法門が四諦ということです。諦めることは、仏法の修行にとって非常に大切なこととされているのです。

それはともかく、このように大本《おおもと》の意義を探っていくと、諦めることが日本人の「智慧」として説かれてきたわけが納得できるような気がします。

「何事も諦めが肝心」といいますが、諦めることには敗北感がともないがちです。それはだれしも味わいたくない感情でしょうから、その意味で、諦めることは簡単ではないのです。しかし、外国の人が単にギブアップと見るこの心の働きを、先人が大切に活かしてきたことは、日本の歴史を顧みれば明らかです。

地震や津波、火事などの大災害による国難、敗戦後の荒廃、そういう過去の存亡の危機を日本人が乗り越えてきたのは、この世を「常ならぬもの」と諦め、そのうえで目をそむけることなく、逃げることなく事に対処して、前途に光明を見出すことができたからに違いないのです。「無常観」と「諦観」こそは、いかなる難局をも克服してきたこの民族の底力の源泉とされた、といっても過言ではありません。

「四手をはなす」とは、こうしてみると、覚悟をもって諦め、そして、おおどかに心を切り替えて、難問難題に「打ち勝つ」ための国家、ひいては日本人個々の指針につながる智慧として、これを読み取ることができるのではないでしょうか。

諦觀

移《うつ》らかす――模倣の落とし穴

街を歩くと、とかく行列が目につくことの多い今日です。インターネットやテレビの情報から、安いもの、おいしいもの、ブランドものを求めて集まる気持ちはわかりますが、中には数時間立ち尽くしてもいっこうに苦にならない人もいて、はなはだ感心させられます。何のための行列なのか知らずに、縦長の群衆を見ると「とりあえず並ぼう」という向きもあって、とても自分にはできそうにないという気持ちにさせられたりもします。

単純な「右にならえ」の模倣の深層心理が、そこに働いているのかもしれません。

模倣は精神分析学で「攻撃者と自己との同一視による衝動」というふうに説明されていますが、その衝動は、行列のような社会現象にもあらわれるのでしょうか。行列については明言できないのですが、これが時代の言葉使い、ファッションを含む風俗になると、明らかにこの衝動が引き金になっていることを見て取ることができます。

それは現代だけではなくて、たとえば近世の侍の世界にも見られたことです。

前にも取り上げましたが、もっぱら武士道の古典とされている『葉隠《はがくれ》』では、今から三百年

ほど前の元禄年間（一六八八〜一七〇四）の若い地方武士たちが、寄ると触《さわ》るとカネのことや家計のことやファッション、さらにはセックスのことを話題にしないと、今でいうところのテンションが高まらないことが書かれています。「是非なき風俗になり行き候」と、著者（正しくは口述者）は嘆いていますが、突きつめると、こんな現象にも模倣の心理が作用していたものと思われます。

「移らかす」とは、模倣という人間心理を逆手にとった戦い方です。

誰かが眠気をもよおすと自分も眠くなり、あくびするのを見ると、つい自分もあくびが出る、と武蔵はまず、模倣による生理現象を指摘しています。このように取るに足りないことに着目して、兵法の技法に言及する武蔵という人は、とても近世初期の人間のように映らないのですが、いかがですか？

合戦において敵軍が攻め急ぐように見えたとき、わが軍はわざとゆったりと構えること。すると、その「ゆったり感」が敵に移って、攻撃の手が鈍ることになるから、この機会をとらえて、こちらは急に早く、強く攻めに出ること。つまり「移らかす」ことで敵の攻勢を削《そ》ぐように誘導し、その間隙《かんげき》を衝いて勝ちにいきなさい、と彼は言うのです。一対一の勝負にもこれは通用し得る誘いの一手になることは、いうまでもありません。

また、「酔わせる」といった、似たような戦略もあるが、いずれにしても敵をだれさせること、落ち着かなくさせること、弱気にさせること。こういうことを工夫するべきである。――**亦《また》よわすると云《いう》て、是《これ》に似たる事あり。一つは、たいくつの心、一つは、うかつく心、一つは、よわくなる心、能々《よくよく》工夫あるべし。**

模倣という心理の落とし穴を巧みに利用した、心憎いばかりのこの戦法から啓発されるのは、他人まかせにしないで自分の力で自分の向上を遂げるという、自助力《じじょりょく》の尊さです。とかく人は「仲間はずれ」になることを恐れる傾向があります。他人の模倣に安んじる道を選択しがちなものです。

しかし、武蔵のような勝負師ならずとも、模倣という心理は他者に利用されやすい、実は危うさを秘めていることを知って、ひたすら自助力を磨き、独立独行《どくりつどっこう》のもとに生きる道に近づきたいものです。

塗《まぶ》る──常にはなれず

享年六十二と一説にいう宮本武蔵には、遺書がなかったかわりに、『独行道《どっこうどう》』と題された文章がのこされています。死の一週間前にしたためられたもので、二十一か条の箇条書から成るそれは、様々な評価が昔からされてきました。

誤解されやすい書です。たとえば、その中の一か条である「我事《わがこと》におゐて後悔をせず」について、悔い多き生涯を送ってきたはずのこの「組織のはみだし者」がぬけぬけとこんなことをほざくのは笑止の沙汰もいいところだ、と評した歴史家もいます。二十一か条のすべてを武蔵が自分の人生に貫いてきたものと解釈しているからでしょう。

「恋愛に心をうばわれることはない（恋慕《れんぼ》の道《みち》思ひよるこころなし）」「美味《うま》いものを好むことはない（身ひとつに美食をこのまず）」といった条文もありますが、禁欲的なこんな文言《もんごん》どおりのことを彼が実人生で守ってきたと解すならば、なるほど笑止というほかはありません。しかし、『独行道』は自己の訓戒を後進《こうしん》のために書き遺したもので、彼の理想的な人間観、生活観を述べたものにすぎないのです。

宮沢賢治に、「雨ニモマケズ」という有名な詩がありますね。自分がなりたい人間像をうたったその詩と同じような志《こころざし》を、死の間近に武蔵はその条々に託したのでした。

さて、毀誉褒貶《きよほうへん》の分かれるこの訓戒の書の最後の条文は、「常に兵法の道をはなれず」とあります。

流浪の境涯にあって剣の道の真髄を求めつづけた武蔵は、常住坐臥《じょうじゅうざが》、四六時中《しろくじちゅう》、一筋の道をはなれることのない人間を理想としました。自省自戒を込めたこの条文と通い合うことばを『五輪書』の中から拾うと、一つは、「塗《まぶ》るる」という語が浮かんできます。

これは敵と自分とが互いに張り合って決着がつきそうにないときの処し方です。

（このようなときは）そのままの態勢から敵と塗《まぶ》れ合い、渾沌《こんとん》とした状態に持ち込んで、その中に勝機を見出すことが大切である。——**其儘《そのまま》敵と一つにまぶれあひて、まぶれあひたる其内《そのうち》に、利《り》を以《もっ》て勝つ事肝要《かんよう》也。**

「塗るる」とは、敵と自分との区別がつかないようにすることなのですが、『独行道』にいう「常に兵法の道をはなれず」は、つまりは「常に兵法と塗るる」ことにほかなりません。

唐突ですが、ニュートンの話です。

あるとき、このイギリスの物理学者は、りんごが木から落ちるのを見て、天体の運行を説明する「万有引力《ばんゆういんりょく》の法則」を発見したといわれていますが、「それしきのことで、よくもそのことに気づいたものだねえ」と感心した人に、こう答えたそうです。

「私は常にこの問題について考えていましたから」

学問、殊に自然科学の世界では、ニュートンのこのことばに込められた垂訓を強調して、問題と「寝る」――スリープ・ウィズ・プロブレムという教えが説かれています。

ニュートンのいわゆる「常に考える」も、また「寝る」という方法論も、問題と自分との区別がつかない渾沌とした状態(カオス)に没入すること。武蔵流にいえば、問題と「塗るる」ことの大切さを教えているのです。

他人に打ち明けたり、相談したりすることができそうにない、悩ましい問題を少なくとも一つや二つは抱えているのが、人間の常です。「塗るる」ことは、その問題解決のために試してみる価値のある方法になり得るかもしれません。

角《かど》にさはる——まず着手、そして突破

現在行なわれている剣道はメン・コテ・ドウ・ツキというぐあいに、「一本」と審判される部位《ぶい》が定められていますが、このようなルールはもちろん、武蔵の在世にはありませんでした。真剣勝負にそんな取り決めがあるはずがありませんね。

「角にさはる」とは、切り合いにおいてはともかくも敵の身体の一部に損傷を与え、少しでも弱らせて制するという、非情といえば非情極まりない戦法のことです。合戦の場合は敵軍の一角を崩して、全軍を弱体化させて戦局を有利に導くことをいいます。

剣術の勝負でも、戦争でも、強敵、大敵が眼前に立ちはだかったとき、臆する心が生じるのは自然のことですが、そのまま手をこまねいていては、坐して死を待つようなものです。ですから、目についたところへ、勇躍《ゆうやく》して突っ込みなさい、そうすればその先は勝勢をつかみとることができるものだ、と武蔵は言うのです。

この心意気は、どこから手を着けていいのか途方に暮れてしまう大きな仕事、困難な問題を前にしたときに生かしたいものです。

角

ニサハ八

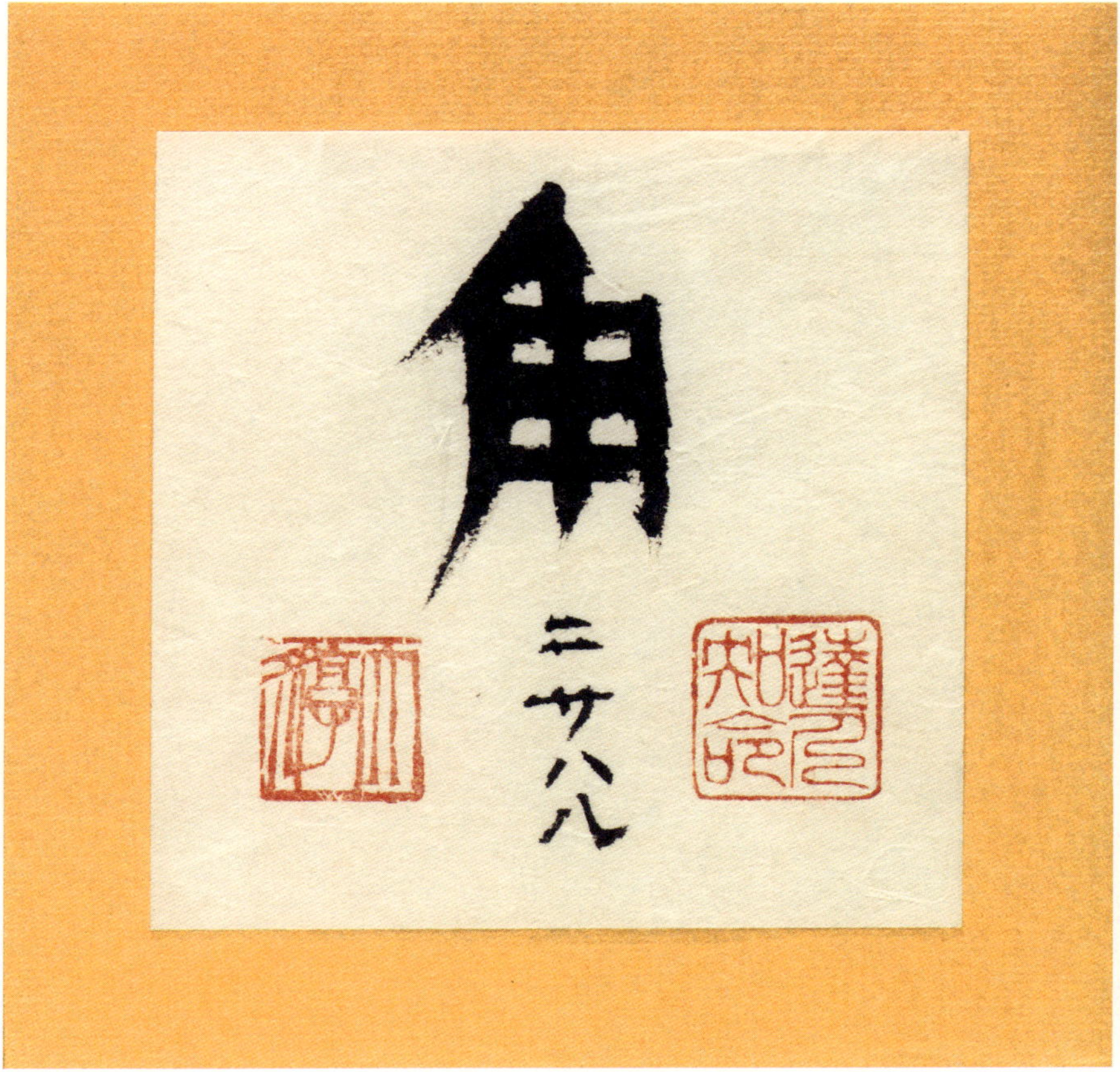

堅いダチョウの卵の殻も、その一角に罅《ひび》を入れれば案外脆《もろ》く割れるように、大仕事、難題の一部に、とにかく手を着けると打開の道が開かれる、ということがあります。

まずは着手することの大切さについて、たびたび引いている『葉隠』には次のようなことが書かれています。

即刻決着のつかないことは、一生をかけても決まりがつくものではない。その際には、一人分の力量だけでは成果が出ないので、二人分の力をもって当たれば、事は成就するものだ。

——端的《たんてき》済まぬ事は一生埒《らち》明かず。その時一人力《いちにんりき》にては成し難く、二人力《ににんりき》になりて埒明くる所なり。

鉄壁《てっぺき》をも貫くほどの二人分の突破力をもって、ためらうことなく、どこからでもいいから着手する心は、「今」をのがさずに充実させる心に通じます。

考えてみますと、人間の一生は「今」と「今」との連結にほかなりません。

そうだとするならば、その今の心をできるかぎり大切にし、それをそのまま相続《そうぞく》していくことが、より実り多い生き方の秘訣になるはずなのです。

「今」と「心」を合わせると、「念」という文字になります。その「念」を凝《こ》らして生きることができれば、どんなに素晴らしいことでしょう！

——ときは今　処《ところ》は足元《あしもと》　そのことに　打ち込む命《いのち》　永遠《とわ》のお御命《おいのち》

また、こんな古歌《こか》もあります。

——いづくにも　心とまらば　住みかへよ　ながらへば又《また》　もとの古里《ふるさと》

難関を目の前にして、心が停滞してしまっていては、何も進展しません。今このときの一念をいかんなく発揮して、ただちに行動を起こさないと、いつまでも「もとの古里」にとどまっているばかりで、やがては下降線をたどるしかないことになります。

武蔵流にいえば、「角にさはる」の心をもって、したたかな突破力を身につけていきたいものです。

山《さん》海《かい》のかわり――変化する勇気

武蔵が生涯に行なった六十余度の勝負の中でも、かの「巌流島《がんりゅうじま》の決闘」と並び称される名勝負は、二十一歳のときの京都におけるそれでしょう。その年に都に上った青年武蔵は、「天下の兵法者」と相見《あいまみ》え、「数度の勝負」をして「勝利を得ざるといふ事なし」と、『五輪書』の冒頭に述懐《じゅっかい》しています。

ここに「天下の兵法者」とあるのは、足利《あしかが》将軍家に兵法を指南してきた名家、吉岡家のことで、武蔵は最初、その家の当主である吉岡直綱《なおつな》――「清十郎《せいじゅうろう》」の名で一般には知られている者と戦いました。この試合では武蔵は木刀、清十郎は真剣（本身《ほんみ》）をもって雌雄《しゆう》を決したのですが、一撃して武蔵が勝っています。敗れた清十郎は門人の手で戸板に乗せられて運ばれ、治療を受けて蘇生したのですが、この敗北を深く恥じて剃髪《ていはつ》し、剣の道を放棄したことになっています。

二度目の相手は、清十郎の弟の通称吉岡又十郎《またじゅうろう》（直重《なおしげ》）です。筋骨逞《たくま》しいこの男は、五尺余りの木太刀《きだち》をもって挑みましたが、武蔵はその太刀を奪い、その武器で相手を撲殺してしまい

ました。
吉岡一門との対決は、まだ終わりませんでした。三度目、今度は清十郎の子である又七郎《またしちろう》という少年を代理人にかつぎあげた門下の数十人が、二度にわたって名門をはずかしめた流浪の兵法者を血祭りに上げようと、決闘状を武蔵に突きつけたのです。場所は京都の名所の一つ、「一乗寺下り松《いちじょうじさがりまつ》」。それはもう、武蔵を屠る《ほふ》私的制裁、リンチのごとき乱闘だったといえます。

武蔵は最初に名代《みょうだい》の又七郎を非情にも斬殺し、群がる敵を、魚の群れを追い廻すようにして突き崩し、この凄まじい戦いにも勝利を得た、と伝えられています。

長々とこの一連の戦いについて述べたのは、ここにいう「山海のかわり」の実例が示されているからです。

初度の清十郎との試合、二度目の又十郎との試合、いずれも武蔵は指定された場所に、約束の時刻に遅れて姿を現しています。ところが、三度目の決闘では刻限より早く「下り松」に着き、木陰《こかげ》に潜んでいました。今度も相手が遅参するものと踏んでいた吉岡一門は、やおら木陰から飛び出してきた武蔵に又七郎を仕留められて、まったく混乱してしまいました。そうして戦意を削がれたところを、武蔵の二刀に切り崩されて、たった一人の男を相手に、なんとも不《ぶ》様《ざま》な敗北を喫したのでした。

三度目に相手の意表を衝《つ》いて変化したこれこそは、「山海のかわり」です。

敵が「山」と思うところを「海」と仕掛け、「海」と思うところを「山」と仕掛け、意外性を発揮しなさい、というのがこの教えですが、この「山海」は「三回」に懸けてあるのです。

同じ戦法を二回用いるのは仕方ないとしても、三回も使うのはよろしくないのである。――**同じ事、二度は是非《ぜひ》に及ばず、三度するに非《あら》ず。**

すなわち、同じ方法が通用するのはせいぜい二回であって、その次には変化する必要があるということですね。

このことを人生に置き換えて読み取ると、いわゆるマンネリズムには限界がある、という教訓をそこから引き出すことができるのではないでしょうか。

とくに人生の危機を乗り越えなければならないようなときは、マンネリズムを脱し、勇猛心をもって変化をみずからに課す力が求められるに違いありません。

底《そこ》を抜《ぬ》く――詰めを大切に

ここにいう「底」とは、敵の心の奥底のことです。「抜く」とは、桶の水を一滴も残さないように、敵の勝利への執着心を抜き去ること。平たくいえば、敵の戦闘意欲を根絶やしにするのが、「底を抜く」という教えです。

試合の流れが自分に有利に展開し、勝勢に傾いたときでも、敵は心の奥底では敗勢を認めていないことがあります。

勝とうとする心が敵にまだ残っているそのとき、戦意を喪失させるには、まずは自分の心をギアチェンジして、敵が心の奥底から「負けた」と認めるような詰めの手、駄目押しの攻めに転換しなければなりません。

この「底を抜く」ということは、わが太刀によって、身体によって、心によっても「抜く」ことだ。つまり一つの方法に限定しないようにすることである。――**此《この》底を抜く事、太刀にても抜き、身にても抜き、心にても抜く所《ところ》有り、一道《ひとつみち》に弁《わきま》ふるべからず。**

このように心・技・体のいずれの働きに限ることなく、敵の勝利に対する執着を完膚《かんぷ》なきまでに抜き去るべし、と武蔵は言うのですが、その方法の詳細は不明です。

しかし、大事なことは、敵が心の奥底で敗北を認めざるを得ない状態に詰めて勝つこと、すなわち、勝つべくして勝つ道を追求することを彼が示していることです。いわゆる「完勝」とは、実はこのような勝ち方をいうのに違いありません。

ところで、完勝するということに関わるのですが、たとえば弓道では、矢を射放《いはな》した後にも心を残す構えを示します。「残心《ざんしん》」といいます。剣道でも、敵を打突《だとつ》した後、反撃に備えるべく、残心の大切さを教え込まれます。

この残心がともなってこそ初めて完勝を遂げることができる、と説かれるところにも、武道という日本文化の奥深さを感じるものですが、これは人生の危機管理のうえでも心がけておきたいことです。

「人生バラ色」と、順風満帆《じゅんぷうまんぱん》の日々を謳歌《おうか》しているとき、「調子に乗ってはいけませんよ」「先々《さきざき》どうなるかわかったもんじゃないのだから」と人から忠告を受け、はっと我に帰って自制心を取り戻すことのできる人間は、いたって少ないのではないでしょうか。順境にあるとき、慢心、驕《おご》りが、意識しないうちにもたげてくるのが人の常でしょう。「後悔先に立たず」といいますが、のちのち後悔の念にじわじわと苦しめられることになる原因の大半は、この慢心、驕りのために、知らぬうちに箍《たが》が緩んでしまったところにあるようです。

人生において「完勝」をめざすこととは、一つ一つの事に対して、できるだけ後悔のないように対応していくことだとすれば、すべてがうまくいっているときほど、「残心」を忘れないように努めることが求められます。

後悔をしたことのない人は、天才でない限り、おそらく一人もいないでしょうが、将来の危機管理のために油断することなく、「残心」を常に心がけておきたいものです。

それは武蔵流にいうならば、勝勢に溺れることなく、「底を抜く」の心をもって、詰めを怠らないことだといえます。

新《あら》たになる——出直そう！

宮本武蔵という男ほど、古来人びとの好き嫌いが極端に分かれる有名人も、めずらしいのではないでしょうか。彼を好む人は「剣聖《けんせい》」として崇《あが》め、一方、嫌いな人は蛇蝎《だかつ》のごとく忌み嫌う傾向があります。精神科医でもあった歌人の斎藤茂吉《さいとうもきち》は、後者を代表する存在でした。

茂吉は武蔵の何を嫌ったのでしょう？　大正時代、渡欧の途中に門司《もじ》で出帆待ちをしていた茂吉は、巌流島《がんりゅうじま》（船島《ふなじま》）に立ち寄ったときの印象を、後年、『文藝春秋』（昭和五年八月号）に記していますが、その随筆に武蔵嫌いの理由を述べています。

茂吉は要するに、真剣勝負における「智術」にあまりにも長《た》けた武蔵が「面白くない」、癇《かん》に障《さわ》るというのです。相手の佐々木小次郎を故意に三時間も待たせ、いらいらさせたうえで島に遅参したこと。また、小次郎が刀で戦おうとしたのに対して、武蔵が「断りなく通知なくして」長い木刀（舟の艪《ろ》を削って作った武器）をもって応じたのはいかにも卑怯である、と言っています。

武蔵は勝負に勝つコツを呑み込みすぎていて、その精神はフェアプレーに悖《もと》ると言いたいの

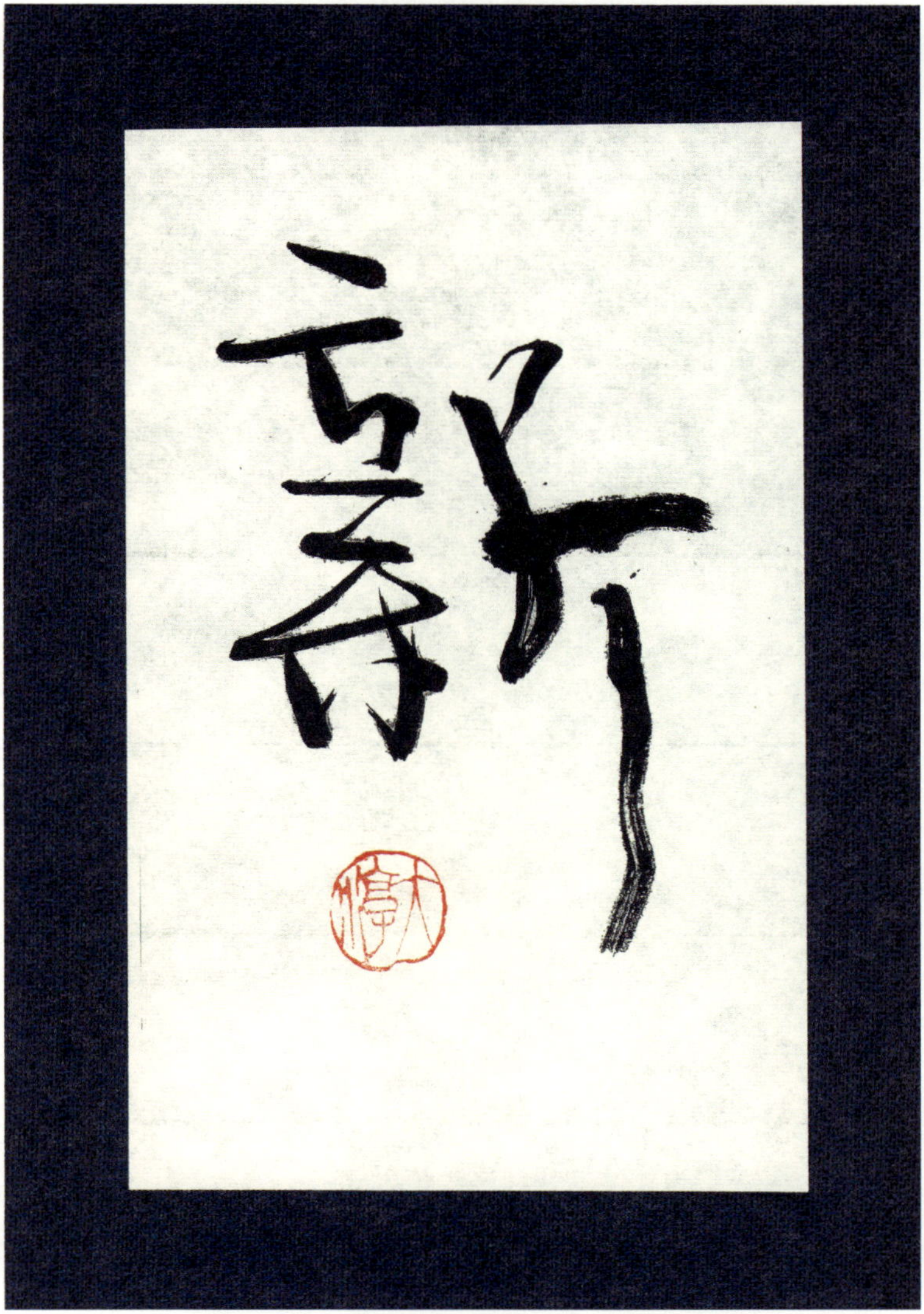

ですね。このゆえに茂吉は武蔵を「憎悪」する一方、敗れた小次郎に「同情」したあげくに「わが心いたく悲しみこの島に命おとしし人をしぞおもふ」という短歌まで作っています。

そういう斎藤茂吉が短歌の修業について持論を展開するとき、『五輪書』の中のことばを引用しているのは、奇異なことのようですが、そこはやはり一流の歌人たるゆえんなのでしょう。武蔵の人物を憎みながら、その著書に学ぶべきことは学ぶという姿勢は、作歌道の求道者として見上げた心根というほかはありません。

ここに掲げた「新たになる」という一条も、その一つです。

敵と我とが戦ううちに、もつれ合って膠着《こうちゃく》状態に陥ったときは、自分の気持ちを振り捨て、物事を新しく始める心をもって、機会を見出して勝利を得ることである。――**敵我《てきわれ》戦ふとき、もつるる心になつて、はかゆかざる時、我気《わがき》を振捨《ふりす》て、物毎《ものごと》をあたらしくはじむる心に思ひて、その拍子を受《うけ》て、勝《かち》を弁《わきま》ふる所《ところ》なり。**

それが「新たになる」という教えですが、斎藤茂吉は『短歌初学門』という入門書に、そのくだりをそのまま引いて、作歌の教訓としています。

歌を作るには、常に新しい感性、新しい表現が求められること。すなわち、「処女性」が大事であることを、茂吉は指南したかったのですが、「処女性」などという舶来の用語は、なかなか日本人には親しみにくいので、それにかわる語を日本の古典に捜索したといいます。

その結果、彼は『五輪書』の「新たになる」という教えに出合って、「これだ！」と思ったのでした。

もうそこでは武蔵に対する私情は消し飛んでいました。彼はこの教えを紹介し、「なかなかいい文章である」「その覚悟が実にいい」と、素直に賞賛して、技巧に手馴れた歌人に自省自戒をうながしているのです。

みずみずしい感性、清新な表現が素晴らしい文学の創造につながるように、素晴らしい人生とは、行き詰まってもゼロから出発する気構え、くじけそうなときでも出直してみせるという心の力あってこそ創られるものです。

どん底から出直すことは、口で言うほど簡単ではないのですが、「新たになる」ことができれば、たちまち目の前の闇に光明が射すはずだという、強い気持ちを忘れたくないものです。

鼠《そ》頭《とう》午《ご》首《しゅ》──心を一気に大きくして

囲碁や将棋の世界では、「大局観《たいきょくかん》」ということばがよく使われます。勝負全体のなりゆきを把握することです。それについて興味深い名言をのこしている棋士がいます。升田幸三《ますだこうぞう》という人です。

将棋の史上初の三冠王（名人・王将・九段）にかがやいた升田には、エピソードが数多く伝えられていますが、中でも、賭け将棋を指《さ》す棋士、いわゆる「真剣師」にしてアマチュア名人の小池重明《こいけしげあき》と対局したときの話は、その面目をよく伝えています。

プロ棋士との平手戦《ひらて》（駒落ちをしない互角の手合《てあい》）で四・五・六段の強豪を相手に七勝三敗の成績をおさめ、史上最強のアマチュアと称えられた小池に、老齢六十四歳を数えようとしていた升田は、（升田の）角《かく》落ちで対戦し、勝ったのです。引退後初めてのこの手合の後、彼は小池にこう言ったそうです。

「あんたは強いんだが、敗因は僕がプロだということを忘れとったことだ、痩せても枯れてもわしはプロ。君はやっぱりアマチュアだな」

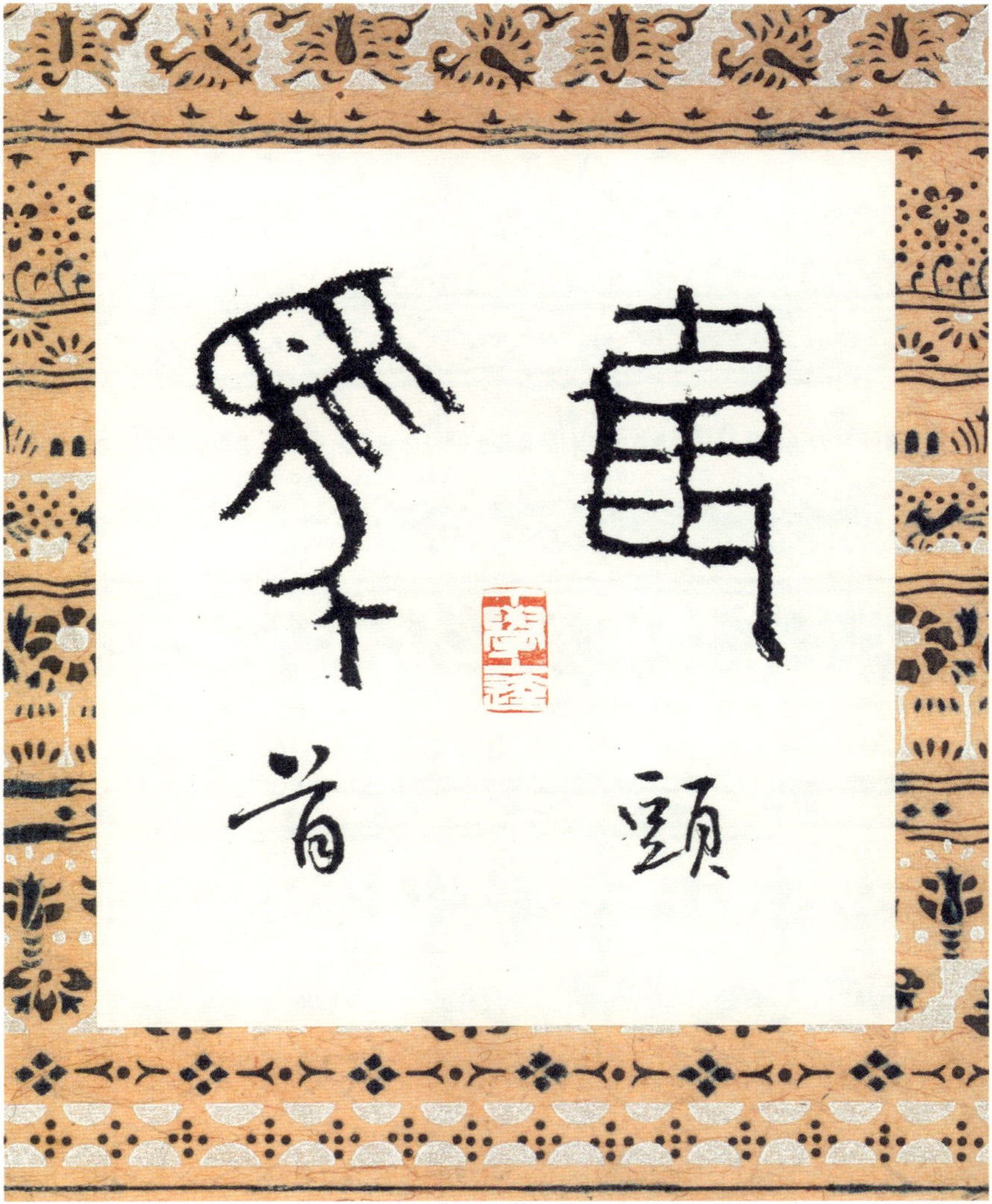
頭
首

さて、その名人の名言とは、好んで色紙《しきし》にしたためたという次の一句でした。

――着眼大局《ちゃくがんたいきょく》　着手小局《ちゃくしゅしょうきょく》
大局観と細心な着手を両立させるところに将棋の極意がある、ということなのでしょうか。余事にわたりますが、「武芸者」になる志《こころざし》を抱きながら、少年時代の自転車事故で足を負傷したために挫折し、「日本一の将棋指し」になる決意をしたという升田幸三は、その夢を実現してからも、剣の道への憧憬《しょうけい》の念は失せなかったようです。

剣道を趣味とし、五段の位を取得し、対局を前にしては真剣（本身《ほんみ》）を凝視して集中力を高め、また『五輪書』と『独行道《どっこうどう》』を座右の書としたと伝えられています。そういえば、もじゃもじゃの髪にヒゲをたくわえた風貌は、どこか武蔵を彷彿とさせるものでした。

ですから、ここに掲げた「鼠頭午首」の教えにも当然触れていたに違いありません。「鼠頭（鼠の頭）」とは、前記したことばでいうと「小局」、「午首（馬の首）」は「大局」のことです。

戦いの最中、敵も自分も互いに細《こま》かな局部戦にはまり込んで、膠着状態にあるとき、「兵法の道は鼠頭午首なり」と常に自分に言い聞かせて、細部にこだわる心から、たちまち大局を思う心に転じること。「小」が「大」にとって変わるように転心すること。これも兵法の心の働きの生かし方である。——**敵と戦《たたかい》のうちに、互《たがい》にこまかなる所を思ひ合《あい》て、もつるゝ心になる時、兵法の道を鼠頭午首、鼠頭午首と思ひて、いかにもこまかなる内に、俄《にわか》に大《おお》きなる心にして、大、小にかはる事、兵法一つの心だて也。**

日常生活の中で、しばしば私たちの心は「鼠頭」にはまってしまっていることがあります。細かいことにこだわりすぎて物事を瑣末な方向へ、「これでもか、これでもか」というぐあいに複雑にしていき、あげくのはてには、まるで底なし沼に踏み込んだかのように、二進《にっち》も三進《さっち》も行かなくなってしまう状態です。

人間関係においても同様で、細かいことをめぐって揚げ足を取られたり、取り返したりして、互いに疑心暗鬼《ぎしんあんき》を生じ、心を消耗してしまうことがあります。

このようなとき、「午首」の心、極端にいうと世界を、宇宙を抱き込むような「大きなる心」に一気に転換することができれば、物事の核心、最も大事な問題点に気づくはずです。

武蔵にしてはめずらしく「平生《へいぜい》（日常生活）」に言及し、いつも「鼠頭午首」のことばを自分に言い聞かせることをすすめている一条です。

将卒《しょうそつ》を知《し》る——「浮かぶ心」をつかう

剣術の勝負では「敵を致《いた》す」、すなわち、相手を自分の思うままに働かせて主導権を握ることが鉄則です。それについては「三つの先《せん》」の項（66ページ）で触れましたが、「将卒を知る」とは、敵を致す心の持ちようを端的に示した教えとして受け取ることができます。

自分は大将、相手は一兵卒にすぎないこと。その心づもりをもって、相手を自分の指示するままに動かし、引き回して勝つこと。どのような大敵に当たるときも、そういう強い心で相対《あいたい》すべきことを、武蔵は説きすすめているのです。

一言でいえば、「敵を呑め」と言っているのですね。

このことは武蔵以外の剣士も教えています。たとえば、自分は主君、相手は臣下《しんか》の者と思って戦うことを、「君臣《くんしん》の勝ち」ということばで言い表わしている人もいます。しかし、「将卒を知る」という武蔵のことばほど、この理《ことわり》を的確に伝えるものはないようです。

人間関係に引き込んでこの教えを解釈すると、ともすると誤解が生じるかもしれません。相手が目上の人であっても、経験豊富な人であっても、臆することなく「呑んでかかる」という

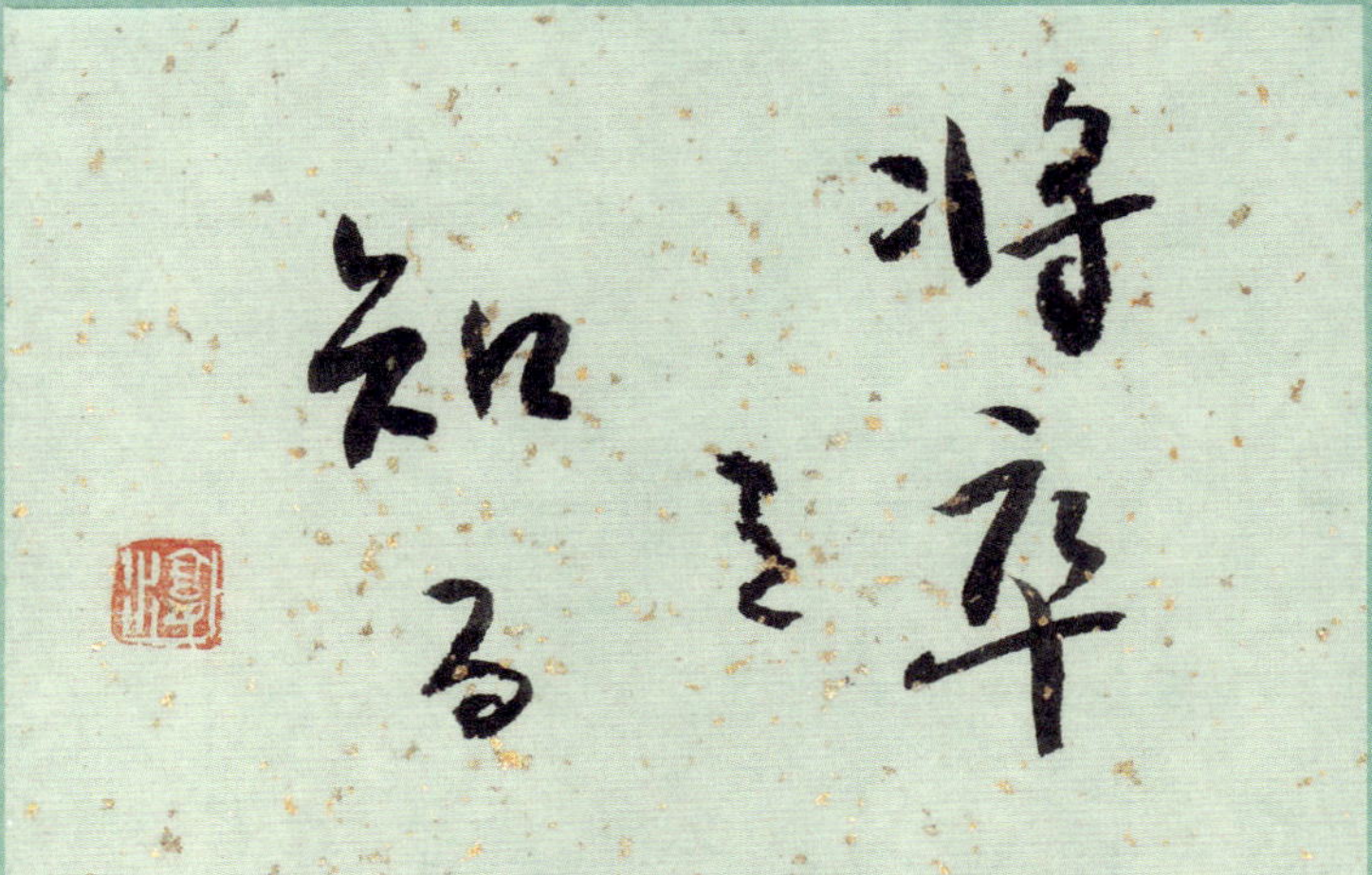

心は、高慢、うぬぼれにつながりかねないからです。

このような誤解をまねかないために、ここでは鈴木正三《すずきしょうさん》という、武蔵とほぼ同時代を生きた特異な禅僧の教えに耳を傾けてみることにします。

戦国武士として何度も主家の徳川家の合戦に従軍したことがありながら、四十二歳のとき出家した変り種、鈴木正三は「禅門の一匹狼」と称えられています。多くの禅の高僧に師事しながら、どの禅師《ぜんじ》に傾倒したということをいっさい語らず、曹洞宗《そうとうしゅう》と臨済宗《りんざいしゅう》、いずれの禅風にも偏《へん》しなかったうえに、禅僧にして念仏を称えることを重んじた僧侶でした。

生涯に著した書は九部十五冊。中でも現代の知識人に注目されているのは、『万民徳用《ばんみんとくよう》』という著書です。武士・農民・職人・商人それぞれの宗教的な倫理を説いたそれは、近代的な職業倫理を説いた書として、外国の学者にも高い評価を得て今日に至っています。

世俗的な職業生活にひたすら励むことが仏道修行にほかならない、という思想にもとづいたこの書の中の「武士日用《ぶしにちよう》」に、次のような教えが述べられています。

凡夫の心には、物に勝って「浮かぶ心」と、負けて「沈む心」とがある。「浮かぶ心」をつかえばホトケ（仏）の世界に入り、「沈む心」をつかえば地獄に行くことになっている。だ

からホトケの世界をめざす願力《がんりき》を強く起こして、昼も夜も「浮かぶ心」をつかうようにすることだ。（意訳）

武蔵のいう「将卒を知る」とは、極まるところ、常にこの「浮かぶ心」を用いるように努めなさいということなのでしょう。

相手の思いのままになって、「沈む心」に落ち込んでしまっていては、主体性ある生き方はできません。相手がどのような大物であっても、それに打ち勝って「浮かぶ心」になるほうが、人生を実り多いものにするのには望ましいはずです。

こうはいうものの、これは容易ならざることです。

心の中では相手に屈することなく、いつも相手の上を行く気構え、浮かび上がる心構えを身につけるには、鈴木正三のことばをかりると、「勇猛心」が求められるからです。

しかし、主体的に、創造的に生きるうえで、人間関係というものは大きく関わってきます。何とか勇猛心を自分の中から引き出して、「浮かぶ心」をつかう努力を、人付き合いの中でつちかっていきたいものです。

束《つか》をはなす――しなやかに生きる

相手が打ち込んできた太刀を、両の手のひらでパッと挟み取るのを、俗に「真剣白刃取り《しんけんしらはど》」と講談ではいっています。時代劇では、柔術の達人が、刀を持つ相手と果敢に戦う場面をよく見かけます。現実にはあり得そうにないことですね。相手が剣術のしろうとでも、刀を振り回されれば、丸腰《まるごし》で対応するのには神業《かみわざ》を要するに違いありません。

ところが、「無刀取り《むとうど》」と称す秘剣をもって知られた流儀もあるのです。徳川将軍家の「御《お》家流《いえりゅう》」とされた柳生新陰流《やぎゅうしんかげりゅう》がそれです。

自分は腰に大小の刀をいっさい帯びることなく、襲いかかる敵の刀を取り押さえて戦意を喪失させる、すこぶる難度の高い技法です。詳細は省略しますが、それには敵の心の働きを見抜く目付《めつけ》、敵のふところに身を入れるための拍子（呼吸）、間合《まあい》、足捌《あしさば》き、そして、入身《いりみ》するのと同時に手と足を活用して、敵の刀の働きを制圧する、常人の思いもよらない技術が求められます。

しかし、「無刀取り」はそのような技法の根底にある剣心《けんしん》に重きをおく、いわば「心の兵法」

束をはなす

の極意といっていいでしょう。

そのことを示す話があります。新陰流の流祖で、門下の柳生家に無刀取りについて工夫するようにすすめた戦国の兵法者、上泉信綱《かみいずみのぶつな》にまつわる伝説です。

あるとき上泉信綱は旅の途中、犯罪者が子どもを人質に取って民家の納屋《なや》に逃げ込んでいる事件に出っくわしました。周りには村びとたちが大騒ぎをしているし、その中にいる子どもの親は狂乱状態です。これを見かねた上泉は、次のような行動に出ました。

たまたまそこを通りかかった旅の僧に、まず、彼は自分の頭髪を剃ってもらい、法衣《ほうえ》を借りて坊さんになりすますと、握り飯をふところにして、罪人の立て籠もる納屋に入ります。そして、威嚇してくる罪人に、こう言いました。

「愚僧《ぐそう》はあなたに対して害意を抱く者にあらず、ただ、その子がさぞひもじかろうと思い、これなる握り飯をたずさえて来たまでのこと。その子がこれを食することができるように、少し手を緩めてやって下されよ」

言うや否や、子どもの方《ほう》へ握り飯を投げ与えると、「そなたも空腹でござろうから、これを召し上がって、少し落ち着かれてはいかが?」と、罪人にも投げてやった。

その握り飯に罪人が手を延ばしかけた刹那《せつな》でした。彼は飛びかかるのと同時に相手を引き倒し、子どもを奪い返して外に出たのです。

事件に遭遇してから子どもを救出するまでの極めて短い時間に、石が流水に転がるように、まったく自然にこれだけのことをやってのけた上泉の境地。禅の心にも通じる、その自由自在な心の働きにこそ、無刀取りの真髄はある、と説かれています。

武蔵の「束をはなす」という教えも、おそらく、これと大同小異《だいどうしょうい》の理を含むものではないでしょうか。「束」とは、太刀・刀の柄《つか》のことですが、この教えについての武蔵のことばは、簡略を極めています。


このことにはいろいろなことが含まれているのである。無刀のまま勝つこと、勝つために太刀だけをたよりとしないこと、など様々であって、なかなか書き尽くすわけにはいかないことなのである。——**色々心《いろいろこころ》有る事也。無刀にて勝つ心有り。又《また》太刀にてかたざる心有り。様々の心のゆく所、書き付《つ》るに非《あら》ず。**


あえて筆にすると、誤解をまねきかねないということなのでしょう。

上泉信綱の話に示されている、しなやかな心の大切さがそこに示唆されているはずです。

岩尾《いわお》の身《み》──迷わない！

『五輪書』の魅力の一つは、実戦的な教えを具体的に書きあらわしている点にあります。しかし、言語ではとても意を尽くすことができない、とびきり高く深い教えには「口伝《くでん》」、つまり口で説明するよりほかにない、という断り書きが付けられています。

「岩尾の身」もその一つです。

「岩尾（巌《いわお》・岩石）の如くに成《なり》て、万事あたらざる所、うごかざる所」

たったこれだけのことばを記して、その後に「口伝」とあります。

たとえば海の中の奇岩を目に浮かべてみます。太古から変わらないその堂々とした身構えには、何物をも寄せ付けない厳《おごそ》かな意志、何事にも動じない強い気迫を覚えるのですが、その岩のようになることが、剣の道の到達点といえる、と武蔵は言うのです。

どういうことなのでしょうか？

話があります。ある日、一人の侍に「兵法上達の秘訣のようなものがありましたら、ご教示をたまわりたく」と、単刀直入に質問を受けた武蔵、やおら畳の縁《へり》を指差して、「ならば、こ

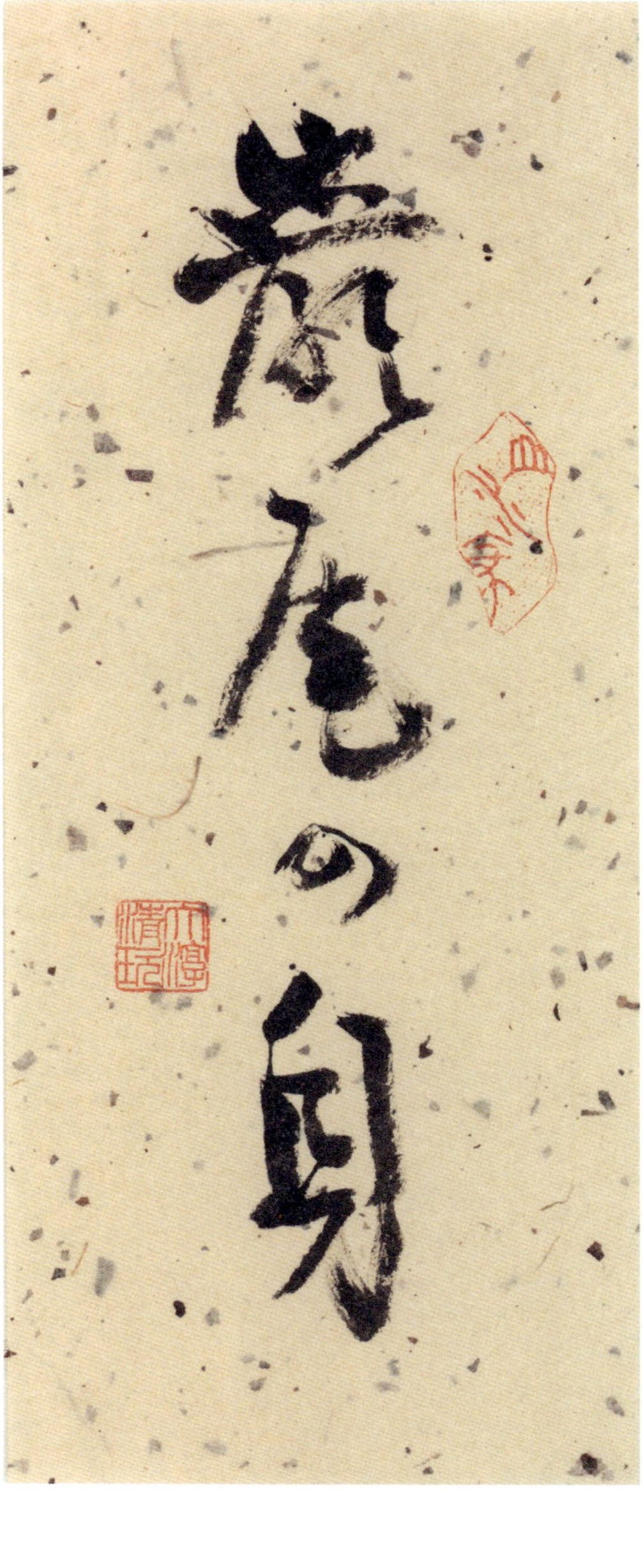

の上を、そこもとは歩き渡ることができるかの？」と言いました。

ばかばかしいと思ったでしょうが、その某《なにがし》とかいう侍は、とにかく畳の縁を踏んで歩きました。それを確認して、武蔵は訊ねます。

「ならば、畳の縁が一間《いっけん》（約一・八メートル）の高さに位置していたとしたら、それでも歩いて渡れますかな？」

以下のやりとりは、こうなっています。

某「畳縁の幅《はば》ほどしかないのを、一間高い所で渡るのは、曲芸師ならぬ自分にはとてもできない芸であります」

武蔵「ほう。では、その幅が三尺（約九〇センチ）の広さだとしたら、いかに？」

某「それは造作《ぞうさ》もない。いたって簡単なことですよ」

武蔵「よろしい。そこで、いま、三尺幅の橋を姫路城《ひめじじょう》の天守《てんしゅ》から、彼方《かなた》に聳える増位山《ますいやま》のてっぺんに架《か》けたとして、そこもとはその橋の上を歩いて渡ることができようか？」

侍某が、当然のことながら「できるはずがない」と答えると、武蔵は莞爾《かんじ》として、およそこんなことを言ったのです。

「畳の縁を歩き渡るのは容易《たやす》いけれど、それが一間の高さのものであれば心もとない、とそこもとは言う。それは修行が足りないからだ。修行によって、揺るぎない、動かざる心を体得できていれば、そうなっても何ら危ぶむことはないのである」

「心を錬り鍛えよ。その心をもって畳の縁を歩いて渡るべし。そうすれば百丈《ひゃくじょう》（約三〇〇メートル）の高所に架け渡した、長さ一里（約四キロメートル）もある橋の幅が、たとえ三尺にすぎなくても、これを踏みはずすものではない」

そして、「あえて明かせば、この意味をさとることが、上達の秘訣ということになる」と説いたということです。

おそらく後世にこしらえられたものでしょうが、「岩尾の身」についての理解の助けとなる話としては、よくできています。

まわりの状況、条件がどのように変化しても、迷うことなく、ぶれることなく、物事に対処していくこと。

「岩尾の身」は、よくいわれる「不動心」と分かちがたく結ばれた教えと思われますが、人間、その境地に達するのは至難のことに違いありません。迷わせる要素が火の粉のように次々に降りかかってくるのが現実であると覚悟して、ちょっとしたことでは迷わないように努めたいものです。

風の巻

勝者になるための鉄則

吉澤大淳作「雷神」（1990年）

有《う》構《こう》無《む》構《こう》——貫くことに徹すること

古来、宮本武蔵といえば二刀流、二刀流といえば武蔵と相場が定まっています。そして、なぜ彼がそのような剣法を「発明」したかということが、よく話題にされるのですが、武蔵自身が『五輪書』に述べていることを要約すると、大体、以下の通りです。

武士は大小の二刀を腰に帯びているのだから、それぞれの長所を熟知しておくべきこと。第二に、それぞれの遣《つか》い方に習熟しておくことは「実《まこと》の時」、つまり実戦における利・不利を考慮すれば理にかなっていること。第三には、片手打ちの刀法を磨いておけば、両手による刀法はおのずから自由自在のものとなること。

戦場での剣法——甲冑《かっちゅう》を身に着けた場合の剣法（介者《かいしゃ》剣法）としては不足だが、素肌の者同士の戦いでは、二刀を用いる兵法が、したがって実用の点ですぐれている、と武蔵は主唱しています。

当時としては独創的なその兵法の中で、他の流儀との比較上、最も際立っていることを挙げるとすると、この「有構無構」の教えをはずすことはできないでしょう。

文字通り、構えは有って無きがごときもの、という教えです。

そのころ、他のほとんどの流儀は太刀の構え方を含む形《かた》――基本的な刀法を形式化したもの、いわば剣法のセオリーのようなものを重視し、数多くの形を教え込むのを常としていました。

武蔵はこの傾向に異を唱えたのです。

「そもそも構えとか形とかいったことは、現実に敵と相対《あいたい》していないときの机上の産物ではないか」

「それは敵と剣を交えるときに動揺したり、不安を覚えたりしないための用心としての意義しかない」

「太刀を構えるということには、敵の働きを待つ心があって後手を引くことになり、先手を取るのを常道とする兵法上、良いはずがない」

このような批判が「風《ふう》の巻《まき》」に見られますが、すでに「水《すい》の巻《まき》」で彼は「有構無構」の大切さを次のように強調しています。

「真剣勝負の場にあっては、戦いが千変万化するものだから、構えなどまったく意味をなさないものだ」

「それどころか、構えにこだわることは、死を選択するようなものである」

こんなことを述べて、こう断言するのです。

――**何事《なにごと》も切る縁《えん》と思ふ事肝要《かんよう》也**。

まことに単純明快。戦いの最中には敵の刀を張って受けたり、軽く当て返して受けたり、様々な技法を用いて応じるものですが、それはあくまでも「敵を切る」ための伏線、つまりは手段にすぎない、と彼は言うのです。

至極あたりまえのことのようですが、その手段である構え・形を重んじるあまり、瑣末にわたる弊習《へいしゅう》が当時はあったのでしょう。彼はそれに対して警鐘《けいしょう》を鳴らし、相手を切るという目的を貫徹する「有構無構」を教えたのです。

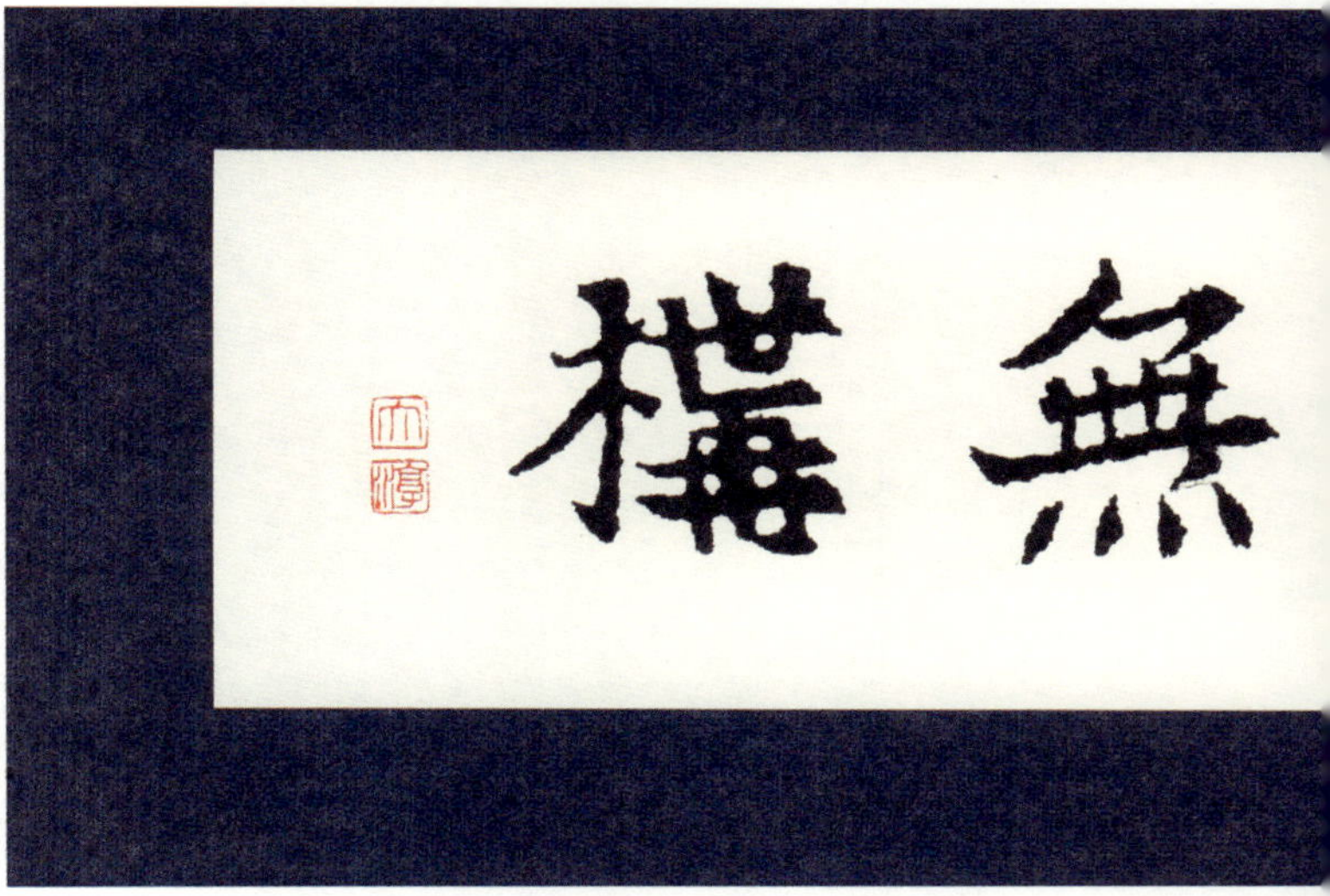

このようなことは、日常の仕事のうえでも、しばしば体験することですね。

一つの目的を達成するために設定された手段、今風の語でいうメソッドに、知らぬうちに重点が移ってしまい、そのメソッドの実行そのものが、いつしか目的化してしまっている状態。そうして、本来の目的の周囲を堂々巡りするばかりで、何の成果も生まないでいる状態にいつしか陥っていることがよくあります。

現実はリアルタイムで千変万化します。大小の「真剣勝負」がいつもくりひろげられているようなものです。素志《そし》を貫き、目的の達成に徹する心が常に求められるのです。

観《かん》と見《けん》――心の眼を開いて

「一眼二足三胆四力《いちがんにそくさんたんしりき》」といって、足の捌《さば》き方、胆力《たんりょく》（気力）、膂力《りょりょく》よりも、第一に「みる」ことが剣の道では大事なこととされてきました。これを「目付《めつけ》」といっています。

いったい、物事はまず対象をみることから始まるものです。剣の道にいう目付についての教えは、ですから、武道とは関わりのないことにも大いに参考となるに違いありません。たとえば創造的な発想を得るための着眼、人付き合いにおける人物観察、人間洞察、さらには自分の将来の人生設計に見通しを立てるための物の見方などにも、目付は影響してくるはずです。

さて、剣術の目付というと、ふつうは相手の眼をみるものと思われるかもしれません。「眼は心の窓」といわれるほどに、内面の動きが眼にあらわれやすいのは確かです。しかし、戦いにおいてはこれを逆手に取って、眼によって相手を惑わせる高等戦術が用いられることも少なくありません。

そこで、「二つの目付」といって、敵の二か所に目を付けることが教えられます。すなわち、

観と見

敵の太刀の切《き》っ先《さき》と、両拳《りょうこぶし》です。攻めるときも守るときも、敵の動作が最も早く発するのが、この二つだからです。そこに目を付けておけば、敵の働きをいち早く察知して、すみやかに対応することができるのです。

物事をみる場合にあてはめると、何もかも視野に取り込んでは、かえって混乱してしまうので、優先順位をつけて目を付ける方法といっていいでしょう。

しかし、二つの目付は、初心者向けの教えにすぎません。これも一流の遣《つか》い手ともなると、逆にこのことを利用して、相手を自在に働かせる手段にされるからです。俗に「色《いろ》を見せる」といって、あえて切っ先と両拳に攻防の思惑を示して、相手がそれに反応するのと同時に、意表外の手に出るのです。

剣術の入口とされる目付には、このように一筋縄《ひとすじなわ》でいかない奥深い理《ことわり》が秘められていて、流儀によって様々な教えが説かれています。中には相手の両肩に付けよ、あるいは、両肘《りょうひじ》に付けるべし、と教えるのもあります。

武蔵は、述べたような目付をすべて「見《けん》の目」ということばに集約し、これらはかえって自分を迷わせる因となるものだと切って捨てています。相手の特定の部位に目を付けるのは、その動きに翻弄されて、はなはだ不利な結果をまねきかねないから、「見の目」は「弱い目付」

にほかならない、と断じているのです。

では、「強い目付」とは?

「観《かん》の目」である、と武蔵は明言しています。

そのことを説明する一例として彼が引いているのは、蹴鞠《けまり》です。古代から貴人の間で行なわれてきたこの遊戯は、鞠を高く蹴り上げて、落とさないように蹴り返すものですが、名人といわれるほどの人は鞠そのものには目を付けず、回転して蹴り上げるなどの高度の技術を身につけていたものです。

それは「観の目」をもって鞠を蹴ることができるからだ、と武蔵は言っています。そして、剣術もまた、この目付に熟達すべきことを主唱しています。

「観」とは、対象を視覚的に分析してみる「見」を廃して、対象の全体、本質を直観する目付のことです。一言でいうと、いわゆる「心眼《しんがん》」によって、対象の働きのすべてをとらえる目付といっていいでしょう。

物の見方としては非常に難度が高いことですが、心の眼を開いて「観」を磨く場は、日常の生活を離れてはあり得ないのです。

枕《まくら》をおさふる——ゆとりは要所をおさえる心から

万事にスピードが求められる現代ですが、人生、いつも自分を急き立て《せ》て、こま鼠のように心身を働かせるばかりでは、文字通り「忙殺《ぼうさつ》」されかねないでしょうし、第一、体がもたないことになってしまいます。ここに掲げた「枕をおさふる」という教えは、成果を性急に求められる傾向のある世にあって、ゆとりある時間を見出すためのヒントになるかもしれません。

まず武蔵は、剣術の試合では、速さを求めることは理にかなっていない、ということを強調しています。

この「風《ふう》の巻《まき》」を他流批判に当てた彼は、もろもろの流儀が太刀を速く振ることを教え込むことに異を唱えるのです。なぜならば、速く振ると「太刀の道」をはずすことになり、相手を切ることができないからだということです。

太刀は振りいいように、静かに、できるだけ大きく、強く振ること。たとえば扇子か小刀《こがたな》を使うときのように速く振るのは、太刀の本性、自然の道筋に悖《もと》ることになり、敵を切るには不足が生じる、と「水《すい》の巻《まき》」では述べています。

枕をおさふる
大淳

もっぱら打突《だとつ》の速さで勝敗が判定されることの多い現代の剣道の常識からは、やや違和感を覚える教えです。

しかし、目に見えない「太刀の道」に則《のっと》ることが大切だといわれても、真剣勝負の場にあってこれを実践するのは容易ならざることに違いありません。相手がスピーディーに仕掛けてくるとき、ゆったりと構えて、静かに、大きく、強く振れといわれても、人間だれしも、恐怖が先立つはずです。

そこで、武蔵が説いていることの一つが、「枕をおさふる」（写本によっては「おさゆる」）なのです。

武蔵一流の風変わりなことばですね。「枕」はこの場合、頭《かしら》という語に置き換えてもいいでしょう。


（「枕を押さえる」とは）敵の何らかの意図を早くも察知し、その働きが未だ発動しない前にこれを押さえ込むことだ。たとえば、敵が「うつ（打つ）」ことを意図するのならば、その頭字《かしらじ》の「う」を押さえ込んで、その後の仕掛けを封じることである。——**敵何事《なにごと》にても思ふきざしを、敵のせぬ内に見知りて、敵の打《うつ》と云《いう》、うつのうの字のかしらをおさへて、後を**

させざる心。（「火《か》の巻《まき》」）

敵が「かかる（掛かる）」のならば「か」を、「とぶ（飛ぶ）」ならば「と」を、「きる（切る）」のならば「き」を押さえ込むこと。それがこの教えなのですが、何をもってそんなことができるかというと、極まるところ、心の働き次第で可能だというのです。

これは究極の「先《せん》」の教え、先手の取り方の極意といっていいでしょう。

さて、この教えを冒頭に提示した問題にあてはめて受け取ると、「要所をおさえる」ということばが思い浮かぶのです。

物事に迅速に対処しなければならないとき、そのすべてに余すところなく対応するのは、多大な困難をともなうものです。スピードを要求される状況のもとで、それは無理ではありませんか？

ここは一つ、重要とは思われぬことはあえて捨象して、「枕を押さえる」がごとく、要所さえおさえて対処してはいかがでしょうか。簡単なことではありませんが、きっと、そこから時間的にも物理的にも余裕が生まれるに違いありません。

背《そむ》く拍子《ひょうし》――遊び心への挑戦

たとえば「今日は好いお天気ですね」と挨拶されて、「好いお日和《ひより》ですね」と返すところを、いきなり「どちらへお出かけ？」と応じる式を、「相気《あいき》をはずす」と剣術ではいっています。

この道で最善の勝ちをおさめるには、「石」に「石」、「綿」に「綿」というぐあいに打ち合ってはならないこと。敵が強く打ちかかってきたら、我は弱く応じ、弱く打ち来れば、強く返すこと。これぞ「相気をはずす」ことであり、剣術の鉄則とされる、と言ったのは、宮本武蔵をこよなく崇敬した千葉周作《ちばしゅうさく》という江戸後期の剣客でした。

豆腐を取り上げるのは、やわらかい手のひらで取るのがふつうですね。ところが、あえて堅い箸で取り上げなさい、と剣術では教導するのです。

このような相気をはずす技法の根底にあるのが、武蔵の説く「背く拍子」です。

拍子とは何か、ということについては「地《ち》の巻《まき》」の「さかゆる拍子・おとろふる拍子」（14ページ）に触れましたので、ここでは省きます。武蔵はその拍子についての様々な教えの中でも、この拍子の大切さを次のように強調しています。

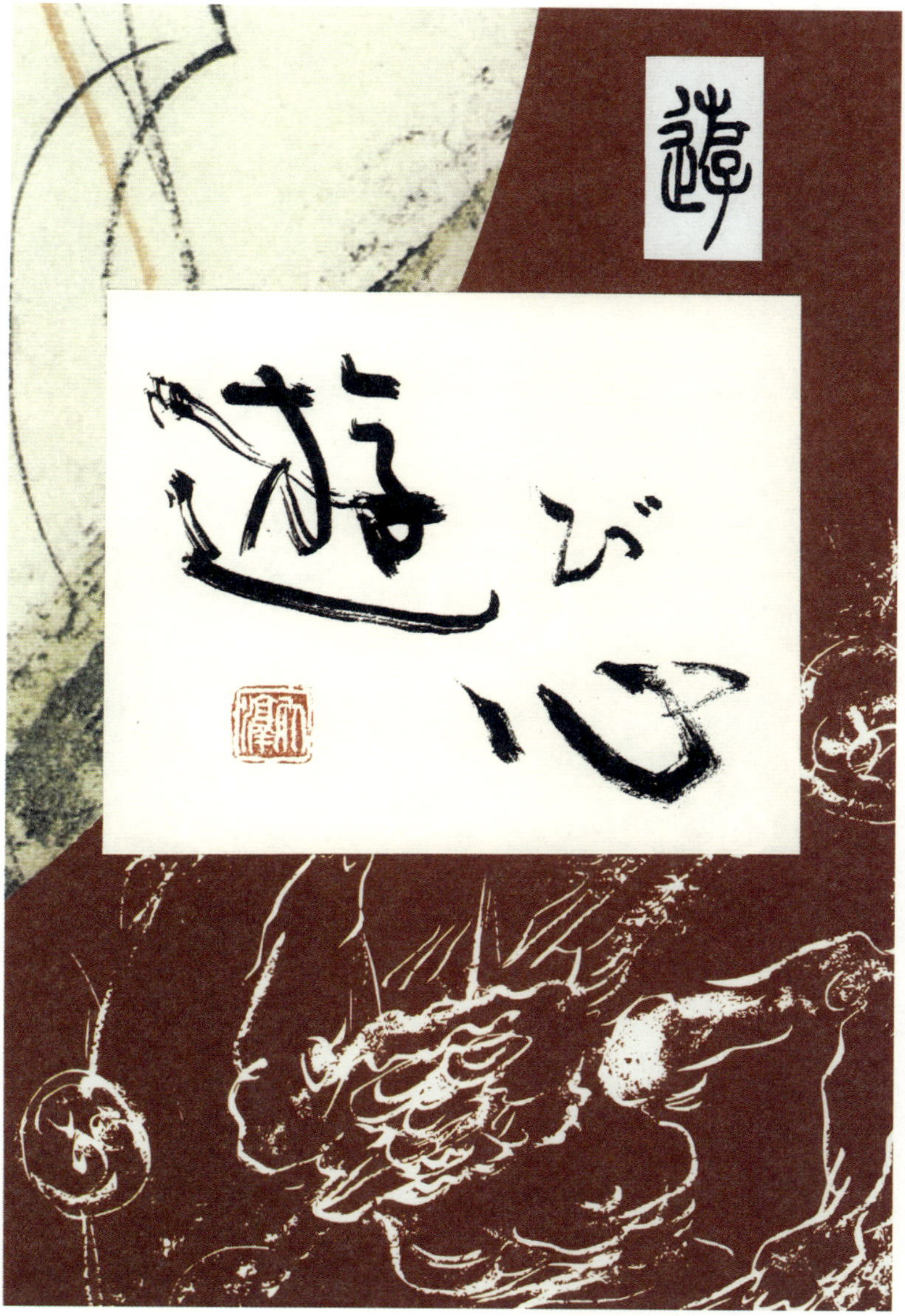
遊び心

相手の拍子にさからって従わないこの拍子を体得できないと、自分の剣の道は大成するものではない。――**此《この》背く拍子、弁《わきま》え得ずしては、兵法たしかならざる事也。**（「地の巻」）

そして、この「風《ふう》の巻《まき》」では前項同様、太刀遣《づか》いに速さの大事を云々《うんぬん》する他流を批判する根拠として、「敵の速い動きに引きずられることなく、『背く拍子』をもって対応すれば足りる」と述べています。

これもまた、現代に生きるうえで啓発するところのあることではないでしょうか。

前述したように、現代社会の「拍子」は、とかくスピードだけに価値がおかれる傾向があります。ですから、自分のすべてをそれに合わせようとすると、周囲のペースに巻き込まれて、いつしか自己を見失ってしまうことになりかねません。

そこで、ゆとりをもって主体的に生き抜くためには、世の中の「拍子」から少し違背《いはい》する部分を、内面のどこかに残しておきたいものです。すなわち、「背く拍子」を内にしまっておきたいものです。

誤解のないように大急ぎで換言すれば、この場合の「背く」は「遊ぶ」という意味合いのことばと解していただいて結構です。

こういうと、会社や家庭の生活から離れて趣味や娯楽に耽ることをすすめているように思われるかもしれませんが、この「遊ぶ」は、仏教で説かれる「遊戯《ゆげ》」と同義です。

遊戯は遊化《ゆけ》ともいいます。「仏の境地に徹して、それを自在に喜び楽しむこと」という意味の用語ですが、仏教ではこれを敷衍《ふえん》して、「何ものにもとらわれることなく、自由自在に楽しむこと」にもこの語を用いています。平たくいうと、物事の価値などに関わりなく、気ままに、のんびりと、無心に楽しむということです。

この遊戯の心――遊び心を、仕事を含めた実生活に持ち込むのは、もちろん勇気が要ります。大げさにいうと、それには他者の眼、思惑を遮断する強い覚悟も求められます。

そのことを承知のうえで、遊び心を磨いて活用することができるようになれたら、これまでの人生にはなかった、しなやかな発想から生まれる新鮮な充実感を味わうことができるかもしれません。

「背く拍子」を活用し、遊び心を旺盛に発動することに、挑戦してみませんか?

空の巻

迷いを断つ極意

吉澤大淳作「旭日」（1995年）

実《まこと》の空《くう》——清々《せいせい》とした心の世界

昔の日本人の信仰の深さは、現代人の想像をこえるものでした。英雄、豪傑と称えられる人間もそれは例外ではありません。

互いに宿敵として認め合い、雌雄《しゆう》を決しようと劇的な合戦をくりかえした上杉謙信《うえすぎけんしん》と武田信玄《たけだしんげん》、この両将も出陣のたびに神仏の加護を祈っています。信心を唾棄《だき》し、むしろ宗教的権威の破壊を推進した織田信長《おだのぶなが》を除いて、神仏を仰がなかった日本史の有名人は、おそらく一人もいなかったのではないでしょうか。

では、兵法の世界に生き、この道の権威に対して獅子吼《ししく》した宮本武蔵の宗教観は、どのようなものだったのでしょう。

——仏神《ぶっしん》は貴《とうと》し、仏神をたのまず

その臨終の一週間前に筆を執った『独行道《どっこうどう》』（前出）の中のこのことばにそれは示されています。武蔵には神仏を尊ぶ心がありましたが、ご利益、ご加護を仰ぐ心はなかったのです。

このことを象徴する伝説があります。京都の吉岡一門とのいわゆる「一乗寺下り松《いちじょうじさがりまつ》の決闘」

（前出）における行動がそれです。一個の軍団のごとき多数の敵の待つ約束の場所に単身乗り込む前、さすがの武蔵も不安に駆られて神社に詣で、神の力をたのもうとしました。しかし、社殿の鰐口《わにぐち》（正面の軒下に吊るしてある音響具）の綱を取ろうとした手を、急に思い直して止めて、ついにそれを鳴らすことなく決戦場に赴いたという話です。

しかし、述べたように、神仏を尊信《そんしん》することにおいて、武蔵はふつうの日本人でした。『五輪書』の冒頭部分に、「天道《てんどう》と観世音《かんぜおん》とを鏡として」この書を書き始めると宣言していることにも、このことを察することができるでしょう。

そういう武蔵ですが、彼は自分の到達した剣の道の「哲学」をいよいよ開陳する終章で、大乗仏教の根本思想である「空《くう》」という語を用いていています。

『般若心経《はんにゃしんぎょう》』という経典があります。仏教の厖大な経典の中で、最も日本人に親しまれてきた、わずか二百六十二文字のこのお経の眼目《がんもく》は、「色即是空空即是色《しきそくぜくうくうそくぜしき》」ということばに集約されているということです。「色」とは、この世に形を有し、生成しては変化する一切の物質的現象。その現象は永遠不変の固定的実体がないと説くのが、「空」の教えです。

先の東日本大震災では、モノが一瞬にして瓦礫と化し、それにともなって、固定されていたかに思われた人間関係、地域社会が壊されてしまいました。

しかし、瓦礫の山はいつまでもそのままの状態ではなく、やがてモノが形成されていきます。人間関係も、地域社会も、新しい形で生成することでしょう。

これらのことは決して「想定外」の出来事ではなく、「空」の一字をもって説明がつく、と説くのが仏教なのです。

「空」は0《ゼロ》という数字にたとえられることがあります。一切は0に帰すが、また、0は一切のものを無限に生むこと。そんな説法もなされることがあります。とにかく、仏教の根本思想ですから、難解です。しかし、武蔵が「空」という語に託した教えは、いたって単純明快です。

武蔵は「実の空」を知るべきことを説き、これすなわち「迷いの雲が一切ない、からりと晴れ渡った空《そら》のような心の世界」である、と言っています。「迷いを断つ」というその意識も、心の働きも無く、おのずから迷いのかけらも無い心境です。

日本人としては四年ぶりに誕生した大関ということで注目された琴奨菊関は、「万理一空《ばんりいっくう》」という武蔵のことばを昇進伝達式で掲げました。この四字熟語は正確には『兵法三十五箇条』(『五輪書』の前の作)のことばだとしても、新大関の「迷いなき相撲」への思いを感じたものです。

それは余談としても、心の鍛錬の行き着くところは、雲ひとつない澄みきった空、あるいは、少しの雑《まじ》り気《け》もない水のような、清々とした心の世界の自覚にあるのでしょう。

萬理一空

直道《じきどう》——謙虚に、真っ直ぐに

孤高《ここう》の求道者にして、その人となりはあくまで狷介《けんかい》というのが、宮本武蔵を歴史メディアが取り上げるときの常套句とされています。それについて、よく引かれるこんな話があります。

熊本藩の客分《きゃくぶん》として抱えられた晩年のことですが、ある年の正月、藩主の私邸での恒例の行事の始まる前、藩士たちの列座する席に加わっていた老武蔵に、上座《かみざ》にいた志水伯耆《しみずほうき》という重役が、かの「巌流島《がんりゅうじま》の試合」の話を持ち出して、「そのおりの勝負では、先に早く、相手の佐々木小次郎の太刀がお手前を打っていたという風説があるが、真実はいかがでありましょうや」と質《ただ》しました。

すると、武蔵は一言も発せずに立ち上がり、側にあった燭台《しょくだい》を手に取るや、つつっと、志水の正面に進み出て、膝を突き合わせんばかりに坐り、こう言いました。

「それがしは幼少のみぎりより、蓮根《はすね》なる腫《は》れ物《もの》の痕《あと》があるゆえに、まだ月代《さかやき》したことがなく、ご覧のとおりの総髪《そうはつ》にいたしてござる。しかるに、佐々木との若き日の技較《わざくら》べにおいては、彼は真剣、此方《こなた》は木刀であったから、先に彼の真剣が此方に達したというのならば、さだめて、

直道

それがしの頭に当時の疵《きず》あとが認められるに相違ござらぬ。いざ、とくとご覧くだされえ」

武蔵は、右手で頭髪を掻き分けて、左手に取った燭台の灯で地肌を照らしつつ、志水のほとんど鼻先に頭を差し出す。満座が鬼気迫るような沈黙につつまれる中、狼狽した志水は、「これはさて、いっこうに疵あとは見え申さぬ」と、顔をのけぞらして答える。それでも武蔵は「いや、とくとお検《あらた》めあれ」と、退こうとしない。そうして、「確かに、とくと見届け申した」と、志水がやっとの思いで呻きながら言うのを聞くと、ようやく自分の座に戻り、何事もなかったかのように平然としていた——そういう挿話です。

兵法者としての凄《すさ》まじいばかりの矜持《きょうじ》を伝える話です。武蔵には、この種の話が少なからずのこされています。

確かに、彼は剣士としての名誉に誇りを持っていました。しかし、傲慢不遜《ごうまんふそん》の男だったかというと、どうもそれは当たっていないようです。

——身をあさく思《おもい》、世を深く思ふ

たびたび紹介してきた『独行道』の中のことばです。

奥深く、広大な自然の中に包み込まれた、浅く、ちっぽけな自分という存在を自覚しておきたい、という意味です。

彼の世界観、人間観がまことに謙虚なものだったことが、おわかりいただけるでしょう。

『五輪書』の結びの部分に書かれている次のことばにも、それは示されています。

> 心が真っ直ぐであるならば、この世界を成り立たせている大いなる摂理に自分という人間を照らし見るとき、わが身を贔屓《ひいき》する心、おのれを歪《ゆが》んだ目で見ていること、ひいては真実の道にそむいていることをさとるのである。——**心の直道《じきどう》よりして、世の大《おお》かねにあはせて見る時は、其身々《そのみそのみ》の心のひいき、其目々《そのめそのめ》のひずみによつて、実《まこと》の道にはそむくもの也。**

ともすると人は、「心の直道」、直《なお》き心の道を踏みはずして自然の摂理にそむき、邪《よこしま》な道に迷い込んでいることを自覚できなくなってしまうことを、武蔵は自戒を込めて省《かえり》みるのです。

剣の道に限らず、謙虚で真っ直ぐな心の持ち主が、最後は大きなものをつかみ取ることができるということを、武蔵の最も伝えたかったメッセージとして受け取り、真面目に、正直に生きる勇気を持つべく努めたいものです。

あとがき

久しぶりに、吉川英治著『宮本武蔵』の初版本全八巻を読み返した。頁を繰るごとに、若き日の感動が沸々とよみがえってきた。

徒手空拳で、独行の剣の道を切り拓き歩んだ宮本武蔵の孤高の生涯は、現代に生きる私たちにも、きっと知恵と勇気を与えてくれる指針となろう。

渡辺誠氏の『心を磨く五輪書』を拝読しながらの書作は、実に楽しい時間であった。

今回の仕事は、私と二玄社の結城靖博氏に共通する岡本太郎・敏子さんとの交友のご縁によるもので、本年が岡本太郎生誕百年にあたることも、何かの奇縁であるにちがいない。

本書に関してご教導を頂いた結城氏はじめ関係の皆さまに、心より感謝申し上げる次第である。

平成二十三年初冬

吉澤大淳

渡辺　誠（わたなべ・まこと）

1945年、台湾生まれ。九州大学法学部中退。

著書は『宮本武蔵　剣と人』（新人物往来社）、『宮本武蔵　真剣勝負師の生きた道』（体育とスポーツ出版社）、『〔新訳〕五輪書』『〔抄訳〕葉隠』（以上PHP研究所）、『禅と武士道』『刀と真剣勝負』（以上KKベストセラーズ）などがある。剣道二段。

〔公式サイト〕http://makoto.arma1.com/

吉澤大淳（よしざわ・たいじゅん）

1944年、長野県生まれ。1981年までセイコーエプソン㈱人事部に勤務。その後、東京都立大学（現・首都大学東京）講師、下諏訪町教育委員長、国際交流協会長等を歴任。

1972年より書を成瀬映山氏に師事。現在、日展委嘱、読売書法会常任理事、謙慎書道会常任理事、墨澍社会長、月刊「書道生活」主幹、日本ペンクラブ会員。

心《こころ》を磨《みが》く五輪書《ごりんのしょ》　宮本武蔵《みやもとむさし》35の人生訓《じんせいくん》

二〇一二年一月二〇日初版印刷
二〇一二年二月一〇日初版発行

著　者　渡辺《わたなべ》　誠《まこと》　吉澤大淳《よしざわたいじゅん》
発行者　渡邊隆男
発行所　株式会社　二玄社
東京都文京区本駒込六―二―一　〒113―0021
電話　〇三（五三九五）〇五一一
Fax　〇三（五三九五）〇五一五
装　丁　今泉正治
印刷所　株式会社東京印書館
製本所　株式会社越後堂製本
ISBN978-4-544-05151-3 C0095

心に響く三国志

［英雄の名言］

渡辺精一 文　**南岳杲雲** 書

◆壮大な人間ドラマを凝縮！

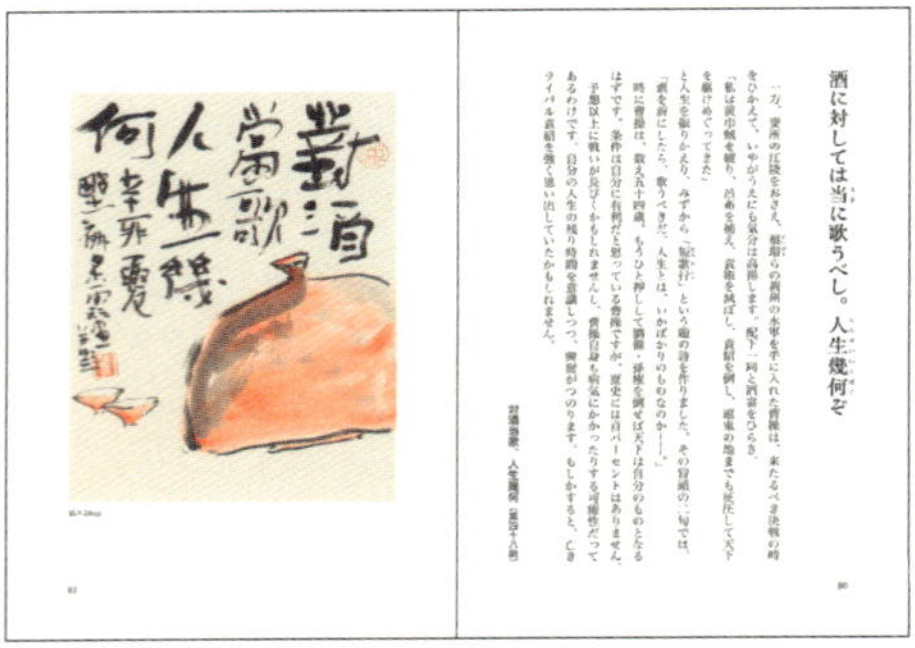

B6判変型・160頁●**1300円**

複雑なストーリーや人間ドラマも、
この一冊ですっきりと解消！
英雄たちの熱い言葉が、
渾身の書とともによみがえる。

序：英雄の人知れぬ涙
一章：乱世にうずまく野望
二章：英雄たちの光と影
三章：時は流れゆく
付：三国志略年表・主要人物紹介

二玄社〈本体価格表示。平成24年1月現在。〉http://nigensha.co.jp